La passion selon Saint-Étienne

Christophe Verneyre

La passion selon Saint-Étienne

récit

en exergue.
éditions

Maquette couverture et intérieur : Agence Billy Bones
Photo de couverture : © Jean Philippe Bonnier
Photo auteur : © DR

ISBN 979-10-97469-08-5

À Stéphanie, Martin, Chloé et Adèle, blonde bande qui a goûté à ma folie et en redemande. Pour les ivresses partagées et les détresses supportées.
À tous mes potos carrés qui ont chopé le virus et ne cherchent pas le vaccin.

Prologue

J'en étais là. De ma vie de supporter. De ma vie, quoi...

Tout à la fois fou furieux et lucide, honteux et fier, exalté et rationnel.

Délicieusement et dramatiquement passionné. « Passionné », le terme est galvaudé. Le coup du mec passionné qui sacrifie tout à son club de foot, c'est du déjà-vu, du déjà-lu, du déjà-entendu.

D'ailleurs, tout sacrifier, on peut en discuter. Ne nous emballons pas. Le grand reporter parti à l'autre bout du monde, délaissant femme et enfants pour témoigner de la folie des hommes, OK, il y a peut-être une quête, peut-être une fuite, sûrement un sacrifice. Dans mon cas, pour l'instant, en dehors d'une alerte – un vertige un soir de derby victorieux où je me sentis défaillir sur le troisième but des Verts au point de devoir vite m'asseoir après avoir bondi de joie –, qu'ai-je donc sacrifié comme pilier dans ma vie, à quoi aurais-je renoncé par amour des Verts ?

À rien, en fait.

Et pourtant, quelle obsession quotidienne ! Quel moteur, quelle source d'adrénaline comme de profonde déprime depuis tant de décennies !

Par où commencer ?

Par l'enfance, forcément. Le terreau de ma passion verte y est profondément ancré. Sans aucun doute ni aucune originalité, tout vient de là. Même sans les braies, je suis tombé dedans quand j'étais petit. Dans le Chaudron.

Quel vide intérieur avais-je à combler ? D'où me venait ce stock inépuisable de passion immodérée ? Pourquoi moi, dernier fils de bonne et grande famille bourgeoise ? Pourquoi moi, plutôt qu'un de mes quatre frères ou ma sœur ?

Bon, l'indifférence de ma frangine, à cette époque, celle des années 1970 où l'idée que le football puisse aussi être décliné au féminin, n'avait effleuré aucun esprit, me semblait légitime. Même si ma grande sœur concédait spontanément un intérêt pour Osvaldo Piazza, sans que personne imaginât une seule seconde que cette attraction pût trouver son origine dans les fameuses chevauchées fantastiques de notre stoppeur remontant tout le terrain pour forcer la décision. Notre Argentin avait d'autres atouts : une longue chevelure brune, un torse avantageusement moulé dans son maillot chlorophylle et un accent craquant de la pampa. À défaut d'avoir une quelconque connaissance technique du jeu, au moins ma sœur avait-elle eu le bon goût et l'originalité de ne pas avoir jeté son dévolu sur le trop consensuel Ange Vert, Dominique Rocheteau.

Le cas de ma sœur réglé, il restait cinq morveux en culottes courtes exposés à la si contagieuse fièvre verte.

En étudiant la question de plus près – inutile d'utiliser la datation au carbone 14, il suffit de regarder mon extrait de naissance –, on peut conclure que je n'avais pas encore cinq ans le 12 mai 1976, ce fameux jour de finale de Coupe d'Europe des clubs champions entre l'AS Saint-Étienne et le Bayern Munich. Étant le cadet (« le petit dernier » ou « le numéro 6 », comme me présentait mon père à ses amis), j'avais été le moins exposé à cette fameuse fièvre dont on a fait des musées, des unes de journaux, des émissions télé, des pièces de théâtre, des films, des disques, des plateaux en métal, des verres à sirop, des bretelles, des tee-shirts moulants, des perruques, des défilés triomphants… et tout autant de manifestations à faire crever de jalousie des générations de banlieusards du football, ces fameux habitants d'outre-A47 chambrés un jour par Roger Rocher, mythique président à pipe et à titres.

Si peu exposé à la contagion qu'il ne m'en est resté aucun souvenir. En mai 1976 donc, malgré le tsunami émotionnel qui a traversé la France, la ville, et probablement notre maison dans les jours précédant LA finale, quatre ans et huit mois furent probablement, et à mon grand regret, un âge trop précoce pour que ma mémoire en ait gardé une trace quelconque.

Mes premiers souvenirs d'émotion verte sont à la fois moins lointains et plus anodins. Étais-je déjà en proie à la passion ? Probablement pas au niveau où elle me consume aujourd'hui. Ces premiers souvenirs décrivent la banalité des rituels qui rythment le quotidien d'un supporter : le trajet jusqu'au stade pour les matchs à domicile, l'écoute du multiplex pour ceux à l'extérieur, la lecture de la presse régionale pour meubler l'entre-deux ; nous avions à l'époque, période bénie où la presse était plurielle, le choix entre *Loire Matin* et *La Tribune Le Progrès.*

Quoique banals, notamment parce qu'ils sont probablement comparables à ceux d'autres supporters, mes souvenirs des trajets les soirs de match sont néanmoins très personnels. Me les remémorer dans ce qu'ils représentent à la fois une expression de cet élan collectif pour les Verts et également un aspect majeur de ma relation à mon père suffit à me serrer le cœur. Nous n'allions pas voir tous les matchs à domicile. Qu'est-ce qui décidait papa à choisir un match plutôt qu'un autre ? Je l'ignore. Je ne me rappelle pas non plus si je cherchais à lui forcer la main ou s'il me présentait cela comme une récompense à la suite d'un bon résultat scolaire – une excellente note en maths était l'idéal pour m'attirer ses faveurs.

Je me souviens seulement, mais très précisément, de ces préparatifs dans la grande maison. D'abord, ce sentiment qu'il faisait toujours nuit quand nous quittions la maison pour aller au stade. Les matchs à l'époque se jouaient invariablement le samedi à 20 h 30, ce qui bien entendu renforçait l'impression d'un rituel.

Sortir le soir, ce que mon jeune âge m'interdisait en théorie, était en soi une aventure, presque une transgression, et retrouver Geoffroy-Guichard, la promesse d'une ivresse. L'excitation me gagnait invariablement dans ces moments précédant le grand départ, et se traduisait physiquement par une mise en branle au pas de charge. Encore aujourd'hui cette excitation physique est toujours là et me conduit, n'en pouvant plus d'attendre, à toujours partir au match avant l'instant prévu. J'étais donc prêt le premier, et seulement quelques minutes, sinon secondes, m'avaient suffi : d'abord assis dans l'entrée sur la première marche de l'escalier pour enfiler mes pompes et les lacer. Encouragé par ma mère qui craignait – quelle idée ! – que je ne prenne froid dans le Chaudron, je me relevais vite ensuite pour récupérer mon manteau accroché dans le petit vestibule qui tenait lieu à la fois de vestiaire, de cabine téléphonique, son bon vieux téléphone gris à cadran tournant accroché au mur, et de cabinet de toilette à l'antique et minuscule lavabo. J'étais alors prêt à dévaler le jardin, évitant l'allée sinueuse pour lui préférer le passage en ligne droite par les pelouses en sautant façon steeple-chase par-dessus les petits buis qui les entouraient, puis, arrivé en bas du jardin, ouvrir la grande porte en fer, sortir dans la rue, haletant, pour gagner le parking et me poser à la droite du père dans la R20 grise qui m'emmènerait au paradis.

La voiture descendait la courte rue Lassaigne, nous passions devant mon collège dont les alentours si calmes me surprenaient, moi qui le connaissais habituellement grouillant de monde à la sortie des cours. Nous enquillions rue Émile, où je tournais par réflexe la tête à droite pour voir si l'appartement de mon copain Staron était éclairé, et au sortir de cette rue, nous tombions sur le premier feu systématiquement au rouge.

À l'arrêt, c'est là que nous commencions, mon père et moi, à nous projeter dans le match. Sur la foi de la lecture toute fraîche du journal du jour, seule source d'info fiable à l'époque, nous évoquions la composition de l'équipe, sa forme du moment, les absences préjudiciables pour blessure de tel ou tel cadre, les craintes que pouvait nous inspirer l'adversaire, ses principaux atouts, et bien sûr les enjeux du match. Et, sujet inexplicablement cher à mon père, ce qui lui valait les railleries de toute sa descendance, la probable affluence du soir dans le Chaudron.

Question qui m'avait d'abord semblé anecdotique puis devint rapidement, pour moi aussi, une préoccupation majeure. C'est à cet instant, arrêté par ce feu rouge interminable, que le stress, sans doute né de cette attente et accru par le prestige de l'affiche et l'importance de l'enjeu sportif, me gagnait.

Être supporter, c'est ressentir sans même le comprendre ni l'expliquer que l'essence de chaque avant-match, c'est la peur. Envisager un match, c'est fébrilement se projeter non pas dans le match lui-même mais dans ses conséquences possibles. Soit la promesse d'une victoire et des deux points – le tarif avant l'inflation et le passage à trois points – qui la récompenseraient, la possibilité de grappiller des places au classement, de se rapprocher de l'Europe ou de s'éloigner de la zone rouge, celle qu'on qualifie ainsi car on y trouve les clubs voués à la descente aux enfers, en l'occurrence la relégation en division 2. Soit la crainte d'une défaite et de la chute au classement vers des zones tourmentées, des lendemains qui déchantent forcément.

Car envisager un match ne revient qu'à anticiper ses conséquences potentielles au classement et les conclusions, immanquablement court-termistes, que nous en tirerons pour l'avenir sportif de notre équipe. Je songeais avec toute la gravité de l'instant au verdict sans appel qui tomberait deux heures plus tard. Vivre un avant-match, c'est être saisi de ce vertige entre l'espoir d'une éclaircie et la menace d'un naufrage. Zéro recul, aucune mise en perspective possible face à ce champ binaire des possibles. La glorieuse incertitude du sport est mère de cette angoisse, qui ne s'efface qu'une fois la fin du match sifflé.

Nous descendions vers le cœur de la ville en longeant sur notre droite le Jardin des Plantes et son stade Villeboeuf où j'avais en général usé mes baskets et mon fond de short tout l'après-midi avec Soleillant, mon autre pote d'enfance, dans des parties de foot improvisées sur les terrains de handball goudronnés. Rapidement, nous arrivions face à la gare, puis tournions à gauche pour gagner le quartier de la Plaine-Achille et sa fameuse piscine. Immanquablement remontait alors à la surface mon angoisse des cours de natation, née dans un mimétisme idiot du spectacle de la peur de mon frère face à la même épreuve quelques années auparavant.

Ensuite, le dernier feu avant de tourner à droite sur le boulevard Thiers. Celui-là également, nous le prenions toujours rouge, et la longueur de la file de voitures attendant le passage au vert était pour nous un début de réponse fiable à notre interrogation sur l'affluence du soir. Une fois délivrés de ce dernier feu, il restait l'ultime ligne droite le long de la voie de chemin de fer et de l'enfilade d'ateliers d'usine à toiture en dents de scie. La fébrilité s'accroissait au fur et à mesure que les signes apparents du match se multipliaient. D'abord, les piétons en groupe ou, plus rarement, seuls, habillés plus ou moins discrètement de vert, ensuite les voitures garées de manière anarchique sur le trottoir entre le boulevard et la voie ferrée. Puis déjà apparaissaient au loin, majestueux, les quatre pylônes, si hauts, qui éclairaient tout à la fois le stade, la nuit et la fin de mon trajet. Ces quatre pylônes participaient à la solennité du lieu et de l'instant.

Enfin, sur notre droite, nous pénétrions au ralenti sur le parking, ou ce qui en tenait lieu : un grand espace en terre battue coincé entre le parc de l'Étivallière, le stade et le boulevard. Guidés par du personnel dont l'âge et la compétence trahissaient le statut de bénévole, nous nous garions où nous pouvions, mon père râlant contre les consignes contraignantes et pas toujours cohérentes dudit personnel. L'objectif était de chercher la place la plus proche de la sortie, qui réduirait l'attente, aussi pénible qu'inévitable, à la fin du match au moment de quitter les lieux. Nous laissions la R20 gris métallisé et avalions d'un bon pas les quelque 200 mètres qui nous séparaient des guichets en nous extasiant à la fois sur l'impressionnante rangée de cars et l'innombrable variété des plaques d'immatriculation attestant que ce club, supporté par la France entière, était vraiment et définitivement à part.

Le décor était planté. Ces vingt minutes de trajet répétées des dizaines de fois dans ma jeunesse ont suffi à faire de cette ville ma ville, de ce stade mon stade, de ce club mon club – et ma fierté absolue. Et, au-delà de ces vingt minutes, deux heures dédiées aux Verts, sans aucune pensée parasite.

Initié au stade, comme beaucoup, par mon père, je dus attendre quelques années avant de découvrir Geoffroy-Guichard. Car, aussi vert fût-il, mon paternel vivait sa passion avec une grande mesure, et ne concevait pas d'emmener avec lui dans le Chaudron un gamin de quatre ans. J'y fis donc avec lui mes premiers pas vers huit ans – c'était raisonnable –, à la toute fin des années 1970. Et durant les presque dix ans de notre fréquentation commune du stade, je constatais avec incompréhension que la pondération et la distance paternelle gouvernaient tout. Ainsi ne se levait-il pas sur les buts des Verts ! Comment pouvait-il, sur ce qui s'apparente à mes yeux aux plus belles décharges d'adrénaline que la vie peut offrir, rester à ce point de marbre ? N'importe quel supporter, même pourvu d'un calme olympien, même doté d'une dose suffisante de bon sens pour avoir conscience de la superficialité de tout cela, se lève sur les buts de son équipe. Le but est en général rare durant un match et il est souvent décisif, tous les amateurs de football, joueurs ou simples spectateurs, ne sont tendus que vers cet objectif. Le but est LE sel du football, son Graal. C'est une spécificité de ce sport que les autres sports collectifs, dont les scores se comptent en dizaine de points, ne connaissent pas.

Il aimait pourtant indéniablement les Verts, mon paternel. Sa présence régulière au stade en était la preuve, mais je n'ai que peu de souvenirs d'emportements, d'élans passionnés, de hurlements, de sauts, d'excès d'ivresse ou de déprimes mal maîtrisées. Peut-être parfois seulement un soupçon de colère, un ton de voix qui s'élevait momentanément pour protester contre un arbitre coupable de décisions trop contraires à nos couleurs.

Mais sinon rien. Non, papa ne se levait ni ne hurlait sur nos buts sur lesquels, une fois que je m'étais rassis dans la tribune Jean-Snella, située derrière les buts, côté sud, où nous avions nos habitudes, sa seule réaction était de me demander systématiquement le nom du buteur.

Qui est-ce qui a fait cette caque ? était l'une de ses autres rares manifestations d'intérêt extériorisé lorsqu'un de nos joueurs ratait une passe facile, un contrôle simple. Je le devinais pourtant très concerné, sinon passionné. Comment ne pouvait-il pas l'être, lui qui avait fait l'aller-retour à Glasgow le 12 mai 1976 avait donc connu l'aboutissement de l'épopée des Verts – LA finale ! – et la plus impressionnante vague verte à l'extérieur, 30 000 supporters stéphanois selon la presse de l'époque ? Comment pouvait-il rester en apparence si calme et mesuré, lui qui aimait à l'occasion, ce qui n'était pas si fréquent le concernant, conter sa soirée à Hampden Park et les nombreux verres de whisky que lui avaient servi ses voisins écossais en tribune ? Si certains regrettent, une fois un parent parti, ne pas l'avoir interrogé sur son expérience d'une guerre ou sur les étapes et les choix cruciaux de sa vie, moi qui devine aisément le torrent d'émotions qu'un tel match légendaire a pu générer, je m'en veux aujourd'hui qu'il n'est plus de ce monde, de ne pas lui avoir fait décrire dans le détail cet événement. Je reste condamné à imaginer ce qu'il a dû ressentir à chaque étape : la fierté en constatant l'imposante transhumance du peuple vert, l'excitation à son comble une fois installé dans les tribunes, l'immense déception, la tristesse du voyage retour…

J'aurais aimé entendre son récit de ce jour aussi béni que maudit car, à mon grand dam, je n'ai, sur le moment et du fait de mon jeune âge, à la fois rien connu ni ressenti de « l'épopée » des Verts, selon l'expression consacrée – une épopée est forcément verte comme une chevauchée est fantastique ou un duel fratricide –, et l'idée que les Verts soient entrés dans l'histoire du langage me gonfle à vie d'orgueil.

Mes frères aînés en revanche les avaient goûtées, ces soirées mémorables. L'un racontait le retour contre Split, l'autre le tacle salvateur de Lopez contre Kiev et la folie qui s'emparait des gradins qu'on n'appelait pas encore les kops. L'épopée, ils l'avaient vécue, de l'intérieur, et leur attachement à Sainté reste éternel et sans doute plus important qu'ils ne le laissent paraître. Mais rien de comparable avec ma folie, non.

Je suis fou et afin de maîtriser cette folie à défaut de la guérir, je m'offre un récit en forme d'autoanalyse.

Naissance d'une passion

C'est la cristallisation, comme dit Stendhal[1]

_Serge Gainsbourg

Finale de la Coupe de France 1982. J'ai dix ans, bientôt onze. Et Rocheteau, comme le fera Gomis trente ans plus tard lors d'un derby qui battit probablement des records d'intensité de bronca, nous crucifie. *Tu quoque fili*. Premières émotions de supporter. Elles furent intégralement négatives. « Émotions négatives » : l'expression est bien trop édulcorée. Elle ne dit pas tout de ce déchirement, ce sentiment d'injustice, cette blessure au cœur devant le spectacle de mes Verts, emmenés par un grand, un immense Platoche, mais malgré tout renversés dans les derniers instants par ce Paris SG à l'allure – déjà – de nouveau riche.

Une égalisation, comme un coup de poignard, au bout du bout de la prolongation. Ma première prolongation. Une défaite à l'issue de la séance de tirs au but. Aux pénals, selon l'expression consacrée. Ma première séance de pénals. Avec le recul que me confèrent aujourd'hui les centaines de matchs

1. Chanson tirée de la bande originale de la comédie musicale du film *Anna*, 1967.

vécus au stade, devant ma télé, derrière ma radio, je réalise que je suis entré dans ma passion footballistique en vivant l'expérience la plus douloureuse qu'un supporter puisse connaître : le contexte d'un match à enjeu exceptionnel – une finale de Coupe de France –, le résultat final contraire à mes souhaits – la défaite –, et le pire scénario – l'égalisation à la dernière minute puis la cruauté d'une défaite aux pénals.

Marqué au fer rouge, le bleu ! Bizuté en beauté, le jeune Vert ! *Born under a bad sign*, chantait Albert King. Par quel hasard de mon horloge interne me suis-je pris de passion pour cette équipe ce soir-là, à dix ans, en mai 1982 ? Pourquoi suis-je précisément à ce moment-là passé du statut de spectateur quasiment indifférent à supporter viscéralement passionné ?

Pourquoi pas avant, pourquoi pas plus tard ?

Pourquoi n'ai-je aucun souvenir d'une quelconque joie liée à la demi-finale jouée quelques jours plus tôt ? Je ne me souviens même plus qui était notre adversaire... Ce n'est pas rien pourtant une demi-finale victorieuse ! Pourquoi n'ai-je pas ressenti les premières secousses, pourquoi mon cœur n'a-t-il pas vibré un an plus tôt, en mai 1981, au moment du dixième titre de champion de France, dont je ne garde aucun souvenir, pas de trace d'emballement, d'euphorie ou de bonheur même fugace ? Est-ce le fait que la victoire et le titre étaient la règle à l'époque, et la défaite l'exception, qui me fit ressentir d'autant plus violemment la double déception du printemps 1982 ?

Et dans ce cas, pourquoi n'ai-je pas été pareillement secoué par la défaite, un an plus tôt, là encore en finale de Coupe de France, contre Bastia ?

La raison m'échappe, mais ce sont bien Calberson et RTL sur les maillots, vert d'un côté et blanc de l'autre, qui sont éternellement associés dans mon esprit de tout jeune supporter à ce premier match viscéralement vécu ; ce premier regard engagé de supporter, et par là ce premier chagrin face à ce premier drame ; cette première rage face aux manifestations de joie de l'adversaire – en l'espèce, le président parisien, Borelli à genoux, embrassant la pelouse décrochait le pompon du ridicule. Ce ridicule qui est aussi pénible pour le vaincu qu'il semble touchant et beau pour le vainqueur. Ce devait être notre septième victoire en Coupe. Cela restera pendant trente-huit ans notre dernière finale de Coupe de France.

Comme pour m'endurcir, me roder pour la suite, le destin avait déjà placé quelques jours auparavant sur le chemin de ma passion naissante une première désillusion. En quelques jours, les Verts si proches de tout gagner allaient en fait tout perdre : cette terrible finale du 15 mai venait en effet clore une semaine tristement entamée par le dénouement du championnat, moins cruel dans son scénario car plus prévisible, mais tout aussi pénible parce qu'il s'était joué à si peu de choses. À une encablure de Monaco au matin de la 38e journée, les Verts pouvaient conserver leur titre de champion de France en battant largement Metz dans le Chaudron, si dans le même temps Monaco ne faisait que match nul contre Strasbourg. Las, notre explosive victoire 9-2 ne servit à rien, sinon à jeter le doute sur la motivation messine, Monaco étant également parvenu à s'imposer. Je me souviens d'avoir vécu ce dernier match à la radio, dans la maison de campagne familiale, après le repas. Tout le monde, même les moins footeux de la famille, ultraminoritaires et donc inaudibles les soirs de match, était réuni dans le salon. Pas de traditionnelle partie de tarot ou de discussions enflammées. Non, tout était mis entre parenthèses le temps de ce multiplex, dont l'enjeu requérait sans doute une mobilisation générale et solidaire. Un multiplex sous haute tension. Mon tout premier.

Comment, du haut de mes dix ans finissants, pouvais-je alors imaginer que ce club, dont je commençais tout juste à tomber amoureux et que je croyais naturellement et éternellement voué à dominer le foot français et à tutoyer les sommets européens, vivait en mai 1982 les dernières heures de son apogée et allait sombrer brutalement, puis traverser un immense désert de plus de trois décennies sans ne plus rien gagner ?

À cet âge, on est convaincu que nos parents sont immortels et que les plus forts, *évidemment*, et *ad vitam aeternam, c'est les Verts*. Le réveil fut donc très douloureux. Entré dans ma passion comme en enfer, il était sans doute naturel que ma cristallisation stendhalienne se forme avec la première équipe verte qui stopperait cette saleté d'hémorragie, qui mettrait un terme à ces deux pénibles années de chute – entre 1982 et 1984 –, la première équipe qui saurait remettre Sainté au centre de la carte du foot français, la première équipe des Verts qui saurait me rendre ma fierté piétinée. Il faut se rappeler d'où on vient pour comprendre la force de cette cristallisation. Initiée par la double dose de désillusion de mai 1982, notre chute semblait sans fin. Comme s'il avait conscience de nous avoir beaucoup gâtés, le dieu du foot semblait décidé à nous faire vivre en un temps record la palette complète des pires cauchemars du supporter : les humiliations sportives d'abord avec cette piteuse sortie de scène européenne 0-4 contre les Bohemians Prague à l'automne 1982, que j'avais apprise à la radio au niveau de l'hôtel de ville dans un bus de la Stas, le 9, qui remontait la grand-rue direction la Métare – toujours l'extrême précision qui colle aux intenses émotions –, ou encore cette horrible fessée infligée par Bordeaux, 0-7, au printemps 1984 ; la honte ensuite de voir son club se déchirer en coulisses, puis être condamné par la justice dans la triste affaire de la caisse noire, les joueurs au tribunal, la valse des présidents ; et enfin comme une conclusion d'une logique implacable, la petite mort que représente une relégation.

Oui, c'était une petite mort car j'étais jeune, car cette relégation fauchait ma passion dans son élan ascensionnel et parce que je croyais encore à l'époque, je l'avais lu dans les journaux, qu'un club comme Sainté *ne pouvait pas descendre*.

Nous étions les plus forts. Nous faisions rêver la France et briller les yeux des enfants quand leur pochette Panini s'ouvrait sur un maillot chlorophylle. Nous étions devenus minables, sportivement et moralement. Mauvais et tricheurs.

Voilà d'où je venais, voilà Sainté au printemps 1984. Voilà ma passion malmenée, mon orgueil bafoué. Un spectacle de désolation.

Pourtant, quelques semaines après notre Hiroshima footballistique, l'objet de mon amour, de mon jeune et inconditionnel amour, se mit à reverdir de façon aussi spectaculaire qu'imprévisible. Dans leur maillot vert à manches blanches et gros sponsor rond et rouge – *Cake Rocher*, curieux clin d'œil au patron des années glorieuses, pas encore emprisonné, avait saisi l'aubaine d'un club à la dérive et d'un maillot moins cher pour se payer une petite notoriété – neuf bleus-bites et deux cadres, armés de leur insouciance, de leur talent et de leur envie, allaient nous démontrer à quel point la vie est savoureuse quand on a frôlé la mort.

C'est aujourd'hui, et probablement jusqu'au trépas, la seule équipe dont je sais réciter les onze noms sans hésiter. Elle n'a pourtant rien gagné sinon mon cœur, et n'a fréquenté que les pelouses de division 2. Mais cette équipe est mon amour de jeunesse, la première équipe verte qui m'a fait vibrer. Je me plais à penser parfois que je suis le seul à l'avoir aimée. Et cette idée me rend fier comme est fier celui qui s'entiche d'une fille dont le charme est d'autant plus prégnant qu'il est subtil, pas bêtement évident ni vulgairement accessible au premier coup d'œil.

Hormis l'exceptionnel Roger Milla, lion indomptable qui fera pleurer les Colombiens, trembler les Anglais et danser les supporters à la Coupe du monde six ans plus tard à près de trente-neuf ans, aucun des onze joueurs composant l'équipe type n'aura marqué l'histoire du foot par son palmarès ou son talent. Mais neuf des onze étaient formés au club et cela acheva de sceller ma folle et dévorante passion.

Merci (ou pas !) donc à :

Jean Castaneda, Éric Clavelloux, Jean-Philippe Primard, Didier Gilles, Patrice Ferri, Gilles Peycelon, Thierry Oleksiak, Jean-François Daniel, Jean-Luc Ribar, Éric Bellus, Roger Milla.

Ne me demandez pas s'ils jouaient en 4-3-3 ou 4-4-2 – quoique, plutôt 4-4-2 dans mon souvenir –, ne me demandez pas s'ils étaient gauchers ou droitiers, s'ils avaient l'art de la passe dans le bon timing, s'ils étaient rapides ou s'ils étaient bons de la tête, s'ils tiraient les corners ou s'ils se positionnaient devant la surface pour armer une frappe sur les ballons mal dégagés. Je ne sais plus s'ils étaient souvent blessés, s'ils savaient analyser un match en sortant du terrain, ni s'ils revenaient de vacances en surpoids. Je sais à peine où leur carrière les a menés après Sainté.

Je ne sais qu'une chose, avec certitude et gratitude : je leur dois ma cristallisation. Dix ans durant, le poster de ce onze – une photo avant un match au sommet de D2, Sainté-Nice, vécu un après-midi glacé de février 1985, dans les gradins debout archipleins de GG – s'affichait fièrement sur le mur en face de mon lit. Je ne m'endormais jamais sans le regarder et me rappeler cette victoire 1-0, grâce à une reprise en taclant du latéral droit Éric Clavelloux – quelle incongruité ! Je sais qu'il me suffirait de deux ou trois verres pour exiger solennellement, des trémolos dans la voix et les yeux embués, qu'au soir de mon dernier souffle, on aille fouiller dans mes tiroirs pour remettre la main sur ce poster, entre mes cahiers de commentaires d'adolescent enfiévré, mes albums Panini, mes coupures jaunies de journaux et ma collection de billets d'entrée dans le Chaudron ; qu'on le déplie peut-être avec un sentiment mêlé de tristesse et de ridicule ; qu'on le contemple en essuyant une larme avant qu'elle ne tombe dessus et ne vienne gondoler le papier ; qu'on le replie avec prudence en prenant garde au Scotch désormais jauni que j'avais délicatement posé afin de soulager les plis malmenés ; et qu'on m'enterre avec, histoire de figer ma passion pour l'éternité.

Allongé dans le froid, j'aurai ainsi tout le loisir de méditer sur les ravages du temps en général, et sur la triste direction prise par le football en particulier. En 1985, on pouvait encore dans (feu) le mensuel *Mondial* publier un poster d'un club de division 2 ; au XXIe siècle, ses héritiers ne songent qu'à afficher du Messi, du Neymar, du Ronaldo, imaginant sans doute que seuls ces tatoués ballondorisé*s* savent faire rêver les enfants. Mais moi, au fond de mon trou, je serai la preuve, certes guère vivante, qu'un Gilles Peycelon, sa moustache, son bagage technique incertain et son éternel numéro 6 dans le dos, pouvait faire le même effet.

Et but ! Et… non !

Tou-toute la nuit
Elle fréquence dans mon lit
Tou-toute la nuit
Elle danse dans ma vie[1]

_Michel Polnareff

Je vous parle d'un temps que les moins de quarante ans n'ont pas pu connaître : celui de Pierre Loctin, Jacques Vendroux et Thierry Ruffat.

Oui, oui, Thierry Ruffat à Laval. La mémoire s'amuse et dessine des hiérarchies qui parfois nous restent mystérieuses. *Interfootball France Football*, c'était le nom du multiplex, l'incontournable rendez-vous radio du samedi soir sur France Inter pour l'amateur de foot au début des années 1980. Le concept était né dix ans plus tôt comme l'expliqua Jacques Vendroux au *Monde* en 2011 : *En avril 1972, jeune journaliste, je vais à Saint-Étienne commenter un match. Sur France Inter, je ne faisais que des flashs de trente secondes à 20 heures, à 21 heures et à 22 heures, et je rapportais deux sons pour les journaux du lendemain. En fait, je m'ennuyais.*

1. « Radio », *Bulles*, 1981.

Le lendemain, je vais voir Roger Rocher, président du club stéphanois, et lui soumets l'idée d'un multiplex. Il est partant et, quelques heures plus tard, nous avons rendez-vous à la Ligue avec Jean Sadoul, véritable parrain du football français à l'époque, qui donne son accord.

La genèse du multiplex est donc limpide : l'ASSE dans le rôle d'Adam, créé par le dieu du foot le sixième jour, et le multiplex dans celui d'Ève, né d'une côte de Sainté. Plus prosaïquement, une preuve supplémentaire nous est donnée que la France du foot a grandi par et à Sainté.

Sa formule était simple, autant que la programmation des dix matchs de division 1 qui, tous, se déroulaient le même soir, à la même heure, en l'occurrence le samedi à 20 h 30. Une véritable grand-messe unique. Doublement unique. D'abord parce que les dix matchs n'étaient pas éparpillés aux quatre coins du week-end, heureuse époque où on ne s'interrogeait pas sur le besoin d'hypothétiques téléspectateurs chinois de voir un PSG-Nice en direct. Ensuite parce que la radio était le seul moyen de les suivre, pour qui n'avait pas le temps, l'argent, l'envie, l'autorisation parentale, les moyens logistiques – rayez les mentions inutiles – d'aller au stade. Pas de retransmission à la télévision française – le premier match de division 1 télévisé, un Nantes-Monaco avare en buts, date de l'arrivée de Canal+ en novembre 1984 ! –, pas de téléphone portable, pas d'Internet. La préhistoire en somme.

Le multiplex radio était donc le rendez-vous incontournable des footeux de tous âges. J'y fus initié par mon père qui aimait, après le dîner, redescendre à la cuisine où trônait continuellement sur la table un poste de radio destiné à accompagner ses petits déjeuners. Nous étions là tous les deux, debout le plus souvent, ne tenant pas en place sous l'effet du stress. Nous occupions nos mains, lui en cassant quelques noix, moi en inscrivant les scores et des commentaires idiots sur le tableau Velleda qui dominait la table et servait habituellement d'aide-mémoire pour les corvées du quotidien. Avare de ses émotions mais pas de son temps, papa passait au moins une heure à guetter les buts, vociférés plus qu'annoncés par les envoyés spéciaux : *But à Laval ! But au Parc ! But à Saint-Étienne !!*

Le multiplex était une routine parfaitement huilée. Il démarrait invariablement par le programme de la soirée, présenté par le maître de cérémonie, déclinant depuis un studio parisien l'identité des dix correspondants appelés sur chaque stade à nous faire vivre les matchs. Dans la foulée, il lançait l'incontournable *tour des stades* pour la mise en situation. Afin de plonger l'auditeur dans l'ambiance, l'envoyé spécial répondait à des questions, toujours les mêmes, selon un rituel bien établi : le terrain était-il gras ? La pluie ou le vent seraient-ils de la partie ? Le froid était-il polaire dans le Forez ? Le public boudait-il son équipe ou au contraire était-il venu en nombre ? J'apprenais à cette occasion la langue du journaliste sportif : on parlait de *tribune copieusement garnie*, de *travées clairsemées*, de *chambrée* plus ou moins *belle ce soir* à l'Abbé-Deschamps ou à Robert-Diochon. C'est ainsi que l'imagination de chaque auditeur, au gré de l'inspiration et du talent de l'envoyé spécial, était accompagnée dans sa première représentation de son match.

Son match car, en réalité, le supporter vibre pour un match en particulier et porte un intérêt dénué de souffrance et de joie pour les neuf autres. Première esquisse, première image des lieux, du contexte, de l'ambiance. Première sensation, première impression. Toutes les précisions, *a priori* sportivement anodines, qu'apporte le correspondant, prenaient, du fait de ma fébrilité de supporter, une importance capitale et ne manquaient pas de se transformer en indications quant à la future performance de mon équipe. Chacun se projetait ainsi dans son match. Dix matchs, dix stades, dix envoyés spéciaux. De quoi voyager dans ma tête : Francis-Le-Basser, ou Francis-Le-Blé, le Vélodrome, le parc Lescure, Louis-II, la Meinau, le Parc des Princes, Marcel-Saupin, Mayol... Certains noms sont restés, ont traversé les époques, quand d'autres ne sont plus connus aujourd'hui que d'une tranche d'âge, celle qui écoutait le multiplex au début des années 1990, à laquelle viennent s'ajouter les habitants de la ville ou, au mieux, de la région, dont le club phare, au gré de descentes successives, est tombé dans l'anonymat des divisions inférieures.

Mon fils ignore ainsi tout de Francis-Le-Basser et des Tango qui, pourtant, un glorieux mercredi soir européen, avaient *schtroumpfé* le Dynamo Kiev, selon l'expression de Jean-Michel Godart, le gardien de but. Il méconnaît également la crainte pour l'intégrité physique de nos Verts, qui nous saisissait, une fois par an, lors du déplacement à Toulon dans le traquenard du stade Mayol.

Le tour des stades était rythmé par la prise de parole de ces fameux envoyés spéciaux, toujours les mêmes, chacun son club. Qu'avaient-ils donc de spécial, eux dont la présence dans la tribune de presse de ce stade était tout sauf exceptionnelle puisqu'ils y contaient les exploits de l'équipe locale dix-neuf fois par an pendant des décennies, matchs de coupe non compris ? Spécial, l'envoyé, peut-être par son chauvinisme à peine masqué, son penchant pour le club recevant, dont se sont empressés de se délester les commentateurs télé une fois la division 1 portée à l'écran et mise en scène par Canal+. À l'heure du politiquement correct, la neutralité – aussi absurde soit-elle, car on imagine mal trouver un fan de foot qui n'aurait pas de club de cœur – semblait sans doute essentielle aux yeux des patrons de chaîne. À moins que l'autocensure du commentateur, soucieux de préserver ses arrières et de pénétrer à Gerland en toute sécurité même s'il est fan des Verts, n'explique cette évolution ?

Ce parti pris délicieusement suranné des envoyés spéciaux à la radio était à peine dissimulé. Un accent trahissait parfois l'origine locale du journaliste. Plus encore, sa façon sincèrement enjouée ou au contraire étonnamment mesurée d'annoncer *But à Auxerre !* le démasquait sur-le-champ.

Bien avant Gilardi & Co, bien avant la téloche donc, et bien avant tous les .fr et .com, la radio était LE média du direct. L'oreille bien exercée reconnaissait avec un plaisir immense – celui que ressent l'initié qui se croit unique et voit là récompensée sa fidélité – l'origine de la clameur. Dès l'ouverture du micro et dans la demi-seconde précédant l'annonce tonitruante par le correspondant du *But à Saint-Étienne !*, qu'il faisait suivre aussitôt de l'identité du buteur, j'avais deviné qu'on avait marqué et je pouvais librement exploser de joie. Le Chaudron exultait d'une clameur incomparable qui m'était si familière que je jubilais à mon tour avant même que le commentateur ait eu le temps d'en dire plus. Dans cette communion en grandes ondes et à distance entre le public de Geoffroy et moi, alors que rien n'était encore officiel, j'étais submergé par trois émotions : à la fois heureux du but des Verts, fier de ma connivence avec le public au stade et tout autant flatté par l'ampleur si caractéristique de l'explosion de joie de mon stade, mon si bien surnommé Chaudron, au moment où le journaliste avait pris l'antenne.

L'évolution et la modernisation des médias ont conditionné la relation intime que chacun a développée avec son sport, son équipe ou son champion. À chaque génération sa madeleine. J'ai vécu la cristallisation de ma passion pour le foot et les Verts à travers le récit de mes aînés, à travers mes premiers matchs à Geoffroy-Guichard et grâce aux retransmissions radio écoutées le plus souvent le soir, assis dans mon lit. Une version comparable, quoique plus solitaire et plus crampons que cale-pieds, à celle décrite par nos grands-parents avec ce plaisir unique et nouveau pour eux des étapes du Tour de France vécues dans un bistrot, regroupés autour d'un poste de radio. Malgré l'émotion évidente habitant leurs récits, leur nostalgie ne me touchait pas et m'était incompréhensible, moi qui n'ai, pour la petite reine, commencé à vibrer qu'aux images télé des exploits de Laurent Fignon.

De la même façon que j'ai toujours ignoré le plaisir TSF de mes aïeux, mes enfants ne comprendraient sans doute pas non plus ma nostalgie pour ces longues heures où je vivais par la magie des ondes, pieds moites sous les draps et mini-radio à la main, les débuts de ma passion verte. Les fossés ont donc bien été inventés pour séparer les générations.

Comprendraient-ils si je leur disais que lorsque les Verts tenaient un score favorable – une victoire à domicile, un nul ou mieux, l'exploit d'une victoire à l'extérieur –, mais que mon bonheur ne tenait qu'à un seul but de l'adversaire, n'en pouvant plus de stress, j'éteignais ma radio à la 89e minute ? Comprendraient-ils que je préférais me plonger dans un silence, atroce certes, mais qui me donnait quelques raisons de me rassurer ? Je domptais alors un peu ma panique en égrenant les secondes, en tentant de me convaincre qu'une ou deux minutes, cela passait vite, trop vite pour que le destin ait le temps de me tourner le dos. J'expérimentais chaque samedi soir la fameuse méthode Coué, ne faisant que fuir la réalité, parfois insupportable, lorsque l'intervention de l'envoyé spécial interrompait la litanie des *C'est fini à Laval, c'est fini à Marseille...*, coupant sans ménagement la parole à ses confrères – le principe même, et toute la dramaturgie, des multiplex – pour annoncer un but dans les arrêts de jeu, un but en forme de coup de Trafalgar, de théâtre, de poignard... Colère immense et déprime nocturne dans la foulée garanties.

L'écoute d'un match à la radio, c'est une façon très particulière de vivre sa passion pour une équipe de foot. La spécificité du multiplex est qu'il ne mobilise qu'un seul sens, l'ouïe, ce qui le différencie très nettement du spectacle d'un match au stade ou devant son écran. La vision n'étant pas sollicitée, l'imagination prend le relais et tente, de deux manières, d'occuper l'espace laissé vacant.

La première est naturellement d'essayer de se représenter l'action en train de se dérouler, avec plus ou moins de facilité selon la qualité de la description de l'envoyé spécial, et aussi selon la connaissance du stade où se déroule la partie, et des joueurs alignés par les deux équipes : *Jean-Luc Ribar s'enfonce sur l'aile droite à hauteur de la surface de réparation nîmoise* ou bien *Thierry Oleksiak récupère le ballon dans son camp* ne déclenchaient évidemment pas la même émotion en moi. Dans le premier cas naissait l'espoir d'un centre imminent de Ribar que Milla – *Rrrrrrrrrrrrrrrrrrrrrrroger Milla*, comme le rugissait le speaker de Geoffroy en roulant longuement de plaisir le *r* – aurait le talent de catapulter d'un coup de tête rageur (oui, les coups de tête, comme les tacles, sont fréquemment rageurs là où les frappes sont soudaines, et les passes millimétrées) au fond des filets. Dans le second cas, mon cœur s'offrait un bref instant de répit, sentant le danger s'éloigner provisoirement de notre but, et n'escomptant pas non plus une action dangereuse de nos Verts dans la seconde.

La seconde consiste à laisser l'imagination prolonger durant quelques instants le scénario ébauché par l'envoyé spécial qui a conclu sa prise d'antenne en me laissant sur un frustrant *Les Verts poussent, la pression s'accentue sur le but adverse, les visiteurs peinent à ressortir le ballon, on voit mal comment ils pourraient ne pas craquer dans les prochaines minutes...* Ce genre d'intervention avait le don de doper mon excitation autant qu'elle nourrissait mon impatience. Je guettais dans les minutes qui suivaient l'annonce de l'inévitable but salvateur, qui, bien entendu, se faisait attendre. Parfois, ô cruel destin, le reporter reprenait soudain l'antenne pour annoncer que l'avant-centre adverse, contre le cours du jeu, autrement dit à rebours de toute logique ou justice sportive, était venu crucifier notre gardien sur l'une des très rares contre-attaques de son équipe, justifiant ainsi l'adage bien connu des footeux : *Dominer n'est pas gagner*. Je maudissais alors cet envoyé spécial incapable de tenir l'engagement pris quelques minutes auparavant « devant » des millions d'auditeurs témoins d'un but imminent pour nos couleurs. J'en profitais pour alimenter cette théorie aux confins de la paranoïa selon laquelle, décidément, les dieux du foot nous étaient définitivement hostiles.

L'imagination travaille donc à plein régime pendant quatre-vingt-dix minutes, escortée fidèlement par un stress immense, rarement écourté. Une fois sur dix peut-être, il laissait la place à un abattement total ou à une jouissance apaisée selon qu'à l'heure de jeu les Verts prenaient une valise ou mettaient une rouste, et que l'issue du match ne faisait plus guère de doute. Le seul résidu de suspense portait alors sur notre faculté d'une part à garder notre cage inviolée et préserver la perfection du score (3-0, 4-0, très rarement plus) et d'autre part à sauver l'honneur – expression là aussi fréquemment employée par les commentateurs et dont l'absurdité m'a toujours agacé, car l'honneur est également souillé et ne tient bien évidemment pas à un but de mon équipe quand il s'agit seulement de savoir si on a perdu 4-0 ou 4-1, et que la déprime sera absolue dans les deux cas.

Cette imagination dessinait les contours approximatifs d'un match, sa physionomie, et par là conditionnait la courbe de mon stress. C'est un point essentiel qui différencie la diffusion à la radio d'une retransmission télévisée, où l'œil aiguisé du supporter, à la fois attentif et expert, sait distinguer l'action qui justifie angoisse et mains crispées sur l'accoudoir de celle qui peut s'observer sereinement et laisse le temps de répondre sans trop s'agacer, mais rapidement, à Madame qui vous interpelle – mais est-ce bien le moment ? – sur la destination des prochaines vacances ou l'heure exacte du rendez-vous de votre fille chez l'orthodontiste jeudi prochain.

La mine de Geoffrey Dernis, aussi imprévisible qu'imparable, dans la lunette de Steve Mandanda à la 94e minute en cette fin d'après-midi ensoleillée du 6 octobre 2007 reste bien entendu là pour démontrer que toute règle a ses délicieuses exceptions, ce que pourront confirmer les voisins du respectable immeuble haussmannien du XIIe arrondissement de Paris qui entendirent mon long et tonitruant cri d'extase. Si ce somptueux imprévu est rare en télévision, il impose sa loi à la radio et décuple la tension.

Face à cette angoisse immense et si particulière que générait l'écoute en direct d'un match des Verts à la radio, j'éprouvais le besoin, voire l'obligation – pour la limiter à défaut de pouvoir la dompter –, de m'occuper l'esprit et les mains. Aussi loin que mes souvenirs me portent, durant cette décennie de multiplex, je me mis donc à noircir des feuilles volantes d'abord, puis des cahiers entiers. J'y consignais en direct mes sentiments à l'écoute du match, alignant les *But pour Nîmes, putain, j'en étais sûr...* et les *But de Ribar, c'est génial...*, sans aucune préoccupation pour la qualité stylistique ou la profondeur de mes commentaires.

N'ayant personne auprès de qui verbaliser mes frustrations et mes joies, il fallait, à défaut d'interlocuteur pour les partager, les noter à chaud. C'était plus fort que moi, c'était nécessaire, un besoin plus qu'une envie. Probablement de l'ordre du réflexe vital, qui, lorsque la tension est si vive, commande de la relater par écrit, l'exprimer, la sortir de soi, pour tenter de l'atténuer.

Non content de griffonner de ma main moite sur mon petit cahier, dont les pages ne manquaient pas de gondoler, mes impressions sur le vif chaque samedi, je décidais assez vite de combler l'espace entre deux matchs, donc la semaine, en revenant chaque jour à mon cahier pour y décrire les symptômes, puis les ravages d'une passion qui m'animait désormais au quotidien, qui m'envahissait et qui ne me lâcherait plus.

Rentrant du collège à midi, je filais *illico* dans ma chambre consigner deux ou trois considérations aussi essentielles qu'*Éric Bellus ne s'est pas entraîné hier, pas sûr qu'il joue à Sète…*, avant, à regret, de répondre à la dernière sommation de ma mère : *À table !*

J'en étais arrivé à une sorte de journal intime où, s'il était fortement question, comme le veut la coutume, d'élans et tourments amoureux, ils ne portaient pas sur Karine, Katia, Marie ou Roxanne mais sur Éric, Jean-François, Didier, Jean-Luc ou Roger : mes sept cahiers remplis de la première à la dernière page ne traitaient que de ma passion verte.

Au-delà du multiplex que j'écoutais en 1983 et 1984, sombres années de descente aux enfers en grandes ondes, je découvris à l'automne de la première saison des Verts en division 2 qu'une radio locale retransmettait en direct et en intégralité leurs matchs. Dans la décennie folle des radios libres nées de l'ouverture de la bande FM sous la présidence Mitterrand, Radio Loire Service (RLS) avait vu le jour. Et s'était immédiatement positionnée sur le créneau des retransmissions sportives. Les Verts étaient le produit d'appel idéal pour amener l'auditeur à écouter RLS 96.2 et, si comme moi il avait l'esprit de clocher, il ne manquerait pas à l'occasion de céder à la tentation d'écouter également les matchs du CASE. CASE pour Club athlétique de Saint-Étienne. À l'époque, le club omnisports vivait son âge d'or grâce à sa section basket et portait au plus haut les couleurs de la ville au point de contester l'historique mainmise de la Chorale Roanne sur le basket ligérien.

Quant aux Verts, en cet automne 1984, ils élargissaient mes connaissances géographiques au sein de leur poule de division 2 : au Bourg-sous-la-Roche comme à Montpellier, à Alès comme à Nice, à Thonon comme au Puy, à Sète comme à Gueugnon, Bernard Puillet était vissé au micro, et moi scotché à mon poste. Puillet, seul au crachoir pour commenter le match, une incongruité de nos jours, tout commentateur se devant d'être flanqué d'un consultant, dont la maîtrise souvent approximative de notre langue est compensée par la supposée qualité de l'éclairage technique ou tactique du mec qui sait ce qu'est un tacle glissé pour en avoir fait vriller, des chevilles, et qui connaît l'importance des gestions de fin de match pour en avoir subi, des contres assassins à la 92e minute.

Bref, le consultant en 1984 était une espèce rare qui n'avait pas encore proliféré avec son costard et son cigare – Duga, si tu me lis… – dans les tribunes de presse.

Bernard Puillet est seul et il fait le job. Il a l'accent stéphanois et le commentaire partisan. Son charisme ne saute pas aux yeux, encore moins aux oreilles, mais pour ce qui est de faire vivre avec passion le match, y a rien à redire. Transmettre des émotions, c'est son rayon. En particulier les négatives. Le stress naissait notamment de sa description trop approximative de la situation du jeu. Très souvent je m'interrogeais sur la réelle menace sur notre but, quand l'équipe adverse avait le ballon, tant Puillet peinait à situer l'action de manière précise, négligeant le fait qu'un joueur qui a passé la ligne médiane n'est pas un joueur à la limite de la surface de réparation !

Autre marqueur de ses approximations, sa sale et inimitable manie d'annoncer les buts avant que le ballon ait franchi la ligne, et si mon cœur est fragile aujourd'hui, sans doute en est-il responsable, tant ses *Et but ! Et... non !* m'ont fait vaciller et laissé pétrifié dans mon lit, les pieds collés aux draps par la sueur.

Rares sont désormais les occasions pour moi d'écouter un match à la radio dans le cadre d'un multiplex. Foot+, TPS, beIN Sports and Co sont passés par là. Et le rituel du visionnage des matchs des Verts à l'extérieur avec mon fils, chacun calé dans son fauteuil, toujours le même, a remplacé celui du lit chaud et moite. Pour les matchs à domicile, en revanche, il y a le plaisir immuable du Chaudron.

Parfois, peut-être une fois tous les deux ans lorsque je n'ai pu faire autrement que de me trouver en voiture au moment d'un match des Verts, j'allume la radio, je m'offre un voyage dans le temps, je repense à Bernard Puillet, je transpire et je crie, frappant mon volant, de joie ou de colère en entendant *But à Gaston-Gérard !*

Destinés

La race des chauvins, des porteurs de cocardes,
Les imbéciles heureux qui sont nés quelque part[1].

_Georges Brassens

Une communauté de destins. Y a toujours eu un peu de ça à mes yeux d'enfant. Sainté et le foot. Le foot et Sainté. Y a pas débat, juste à constater, à s'incliner, à savourer.

Oui, Saint-Étienne et le foot c'était comme une évidence, le fruit sans doute d'une volonté divine. Dieu, probablement sous la menace d'une mère excédée à la vue du perpétuel désordre français, avait un matin décidé de ranger le pays. *Alors, le vin, allez, je le mets avec Bordeaux, ah, celui qui pétille… à Reims, tiens. Le foot, ben, je le mets à Sainté. Et ça, c'est quoi ça déjà ? Une quenelle ? J'ai inventé ça moi ? Et ça sert à ? Manger ?! Ah… Bon, allez, on fout ça à Lyon, une spécialité culinaire peu raffinée, ça calmera leur penchant pour l'immodestie.*

J'ai grandi avec cette idée que le foot, c'était les Verts, et Sainté, c'était le foot. Une double équation indiscutable.

1. « La ballade des gens qui sont nés quelque part », *Fernande*, 1972.

Dieu nous avait donc élus et à cette époque, les années 1970, il n'y avait guère de remise en cause de cette alliance d'une ville et d'un sport qu'elle était vouée à dominer, à éclairer, à guider demain comme hier. Les Verts *for ever.*

La France entière vénérait les Verts, cela semblait naturel à mes yeux d'enfant. Comment pouvait-il en être autrement quand cet état de fait transpirait de tous les pores de la société ?

D'abord dans les médias qui ne savaient pas parler de Saint-Étienne sans évoquer les Verts ; sur les cartes de France en puzzle pour enfants où un ballon rond représentait Saint-Étienne aussi systématiquement qu'un guignol incarnait Lyon ou la tour Eiffel Paris ; au cinéma où la chambre du lycéen du *Péril jeune* de Cédric Klapisch était naturellement tapissée de vert ; dans les sketchs mordants du plus brillant des humoristes, le Limousin Pierre Desproges évoquant avec un mépris décapant le bonheur vécu par un supporter de Saint-Étienne un soir de victoire face à Nantes ; chez les chanteurs les plus populaires comme Renaud croisant Lavilliers « un soir à Geoffroy-Guichard dans l'enfer vert immaculé » dans *Ma chanson leur a pas plu.*

L'enfer vert immaculé... J'étais jeune, Renaud, lui, au sommet de sa gloire. Alors cette expression dans un de ses tubes imprimait dans mon esprit l'idée, comme une vérité absolue, universelle, intemporelle, de notre écrasante domination sur le football hexagonal. Il y avait Sainté, porté au rang de mythe, et il y avait les autres clubs. Je dévorais les albums d'*Astérix* à l'époque, mais ma très relative assiduité en cours de latin m'empêchait de mesurer le sens de *sic transit gloria mundi.* On ne se méfie jamais assez.

N'empêche, les Verts sont pour l'éternité un marqueur des années 1970, comme la DS, Danièle Gilbert, les chocs pétroliers, *Les Valseuses*, Giscard ou les pantalons à pattes d'ef.

J'étais donc né à Sainté, en 1971, sous une bonne étoile. Le foot vivait naturellement en moi. C'était une aubaine. Une bénédiction. J'appartenais au peuple élu. J'étais *bien né*. Par mon seul lieu de naissance, je faisais partie de l'aristocratie du ballon rond. Ce qui me conférait forcément des dispositions particulières pour le foot, des talents supérieurs dans ce domaine. Mes lettres de noblesse prenaient la forme de titres de champion de France. Accumulés comme une coutume. Une règle immuable.

Un peu de lucidité me permet de comprendre aujourd'hui à quel point ce sentiment me conférait une certaine morgue, voire une morgue certaine. Jouant à quinze ans avec mes copains de seconde contre des lycéens allemands de la banlieue de Munich lors d'un échange scolaire, il m'avait paru naturel, au mépris de l'histoire pourtant encore assez récente entre nos deux villes et clubs, de terrasser nos adversaires tant nos prédispositions pour le ballon rond nous donnaient un avantage évident. Tombés dans le Chaudron quand nous étions petits, nous étions dotés de pouvoirs surnaturels qui faisaient de nous à la fois des joueurs plus brillants dans notre pratique amateur, mais également des supporters plus bruyants, fervents et fidèles dans notre soutien, et enfin des connaisseurs du ballon plus pertinents dans nos analyses de l'actualité footballistique. Que nous jouions, que nous supportions ou que nous discutions football, c'était forcément avec plus de talent et de succès que la moyenne.

Dans ma compréhension du monde, de mon monde où le sport prenait une place majeure, si un rugbyman talentueux était forcément néo-zélandais, un brillant pongiste naturellement chinois, un tennisman victorieux nécessairement suédois, en France, un vrai grand footeux était évidemment stéphanois.

Même aujourd'hui encore, malgré des décennies nettement moins glorieuses, malgré même cette torture infligée au peuple vert par un dieu du foot ayant probablement culpabilisé de nous avoir trop gâtés, il me reste des traces de cette suffisance, de ce sentiment – d'autant plus beau à mes yeux qu'il est fragilisé chaque jour un peu plus – que décidément nous sommes collectivement en tant que ville, supporters, stade, couleur de maillot, histoire, palmarès et âme, totalement, magnifiquement et éternellement à part.

Nous sommes les Verts et Bleus

On n'est pas d'un pays mais on est d'une ville
Où la rue artérielle limite le décor
Les cheminées d'usine hululent à la mort[1]

_Bernard Lavilliers

À cette époque, cela aussi ne se discutait pas et s'imposait à moi : j'étais presque aussi bleu que vert.

Presque aussi accro à l'EDF (Équipe de France) qu'à Sainté. Aussi meurtri devant le coup franc de Roth et les larmes de Santini à Glasgow que face au poing levé de Schumacher et à l'abattement de Platoche à Séville. Revoir aujourd'hui ces images réveille en moi la même douleur. Le même sentiment d'injustice, la même tristesse ressentie avec la même intensité qu'à l'époque. La souffrance a de la mémoire. Ou plus exactement, la mémoire, en mode congélo, conserve parfaitement la souffrance, et lorsqu'on la décongèle pour se la resservir, elle conserve toute son amère saveur d'origine.

1. « Saint-Étienne », *Le Stéphanois*, 1975.

Chaque revisionnage, malgré les décennies passées, ravive cet espoir fou que les choses tournent différemment. Rocheteau ne sera pas blessé, les Nîmois ne joueront pas aux bouchers en massacrant Farison et Synaeghel une semaine avant la finale, les poteaux ne seront pas carrés, le défilé sur les Champs-Élysées sera justifié par un titre et non par une défaite – si glorieuse fût-elle –, Schumacher sera expulsé, nos élans offensifs à 3-1 seront freinés, les perdants seront allemands, et donc pas magnifiques.

À y repenser, c'est toute l'histoire d'un sport, et même du sport français tant le football écrase tous les autres, qui en eut été bouleversée. J'ai eu longtemps presque aussi mal à mes Bleus que j'avais mal à mes Verts. Hélas, toujours aussi disciplinés, prévisibles, écrasants de force morale et physique, infaillibles, ce sont les Allemands qui endossaient la panoplie du bourreau, de l'éternel meilleur ennemi. Dans un trait d'union entre la grande histoire du siècle et la petite histoire du ballon rond hexagonal, dans une continuité naturelle à mes yeux d'adolescent discernant alors mal l'incongruité d'une telle comparaison, les Teutons restaient la cause éternelle de tous nos maux. Ils avaient fait prisonnier mon grand-père à Dunkerque, ils avaient brisé mon cœur de supporter, ils étaient l'obstacle éternel à mes élans cocardiers.

J'avais également dans les années suivant mes dix ans développé une théorie selon laquelle les cycles de forme de mes deux équipes de cœur étaient toujours inversés. Lorsque les uns brillaient, les autres sombraient. Quand l'immense Platoche, au sommet de son art, portait la France sur le toit de l'Europe et lui apportait son premier grand titre en juin 1984, il me consolait de cette impression de fin, presque de mort, qui m'avait envahi quelques semaines auparavant, en ce soir terrible du 19 mai où mes Verts, tétanisés par l'enjeu et incapables de répondre au fol espoir d'un stade débordant d'amour, s'étaient inclinés 2-0 contre le Racing de Paris. Ce n'était pas possible. Une hérésie, un contresens absolu. Une insulte à l'histoire du foot et de l'ASSE. Comment les Verts, ceux dont j'échangeais les vignettes Panini à la récré, avec cette conviction éternelle que la valeur de l'image d'un joueur stéphanois dépasse de loin celle de tout autre ; ceux dont mon père et mes frères m'avaient si longtemps conté les glorieux faits d'armes ; ceux dont les dix titres de champion de France valaient une suprématie incontestable sur la concurrence nationale et bientôt une étoile unique sur notre tunique ; ceux dont l'art de retourner les situations mal embarquées leur conférait plus qu'une aura, un pouvoir magique – le fameux *impossible n'est pas stéphanois* ; ceux qui devenaient irrésistibles dans ce stade dont tout le monde admirait l'ambiance ; ceux qui avaient développé une mythologie propre à les distinguer éternellement des quelconques ; ceux à qui même la langue française avait réservé quelques mots ou expressions pour dire leur caractère unique et supérieur – *les Verts, le Chaudron, l'Épopée, le Sphinx* ; ceux qui sur les microsillons concurrençaient les Stones et s'affichaient dans les chambres d'ado de la France entière ; ceux qui évidemment étaient les plus forts ; ceux qui étaient mes héros d'enfance et par là même mes héros éternels, oui, comment pouvaient-ils mourir ce soir-là ?

J'avais douze ans et les Verts n'avaient pas le droit de descendre en division 2.

La précision des images qui me restent est à la hauteur du traumatisme subi. Je revois tout. Cette excitation sur le trajet vers le stade en voiture avec mon frère et ses amis alcoolisés. L'exaltation du grand soir, l'euphorie du gros match, la promesse d'une victoire. Il me semble que dans les mêmes circonstances aujourd'hui, mon avant-match serait tendu car envahi par la peur. Là, bizarrement, non. Forcément, nous étions les Verts, nous avions fait 0-0 à l'aller, et nous allions, à 11 + 45 000, plier l'affaire sans souci. Je revois cet autre ami de mon frère, debout au cœur de ce qu'on appelait alors les gradins Nord ou populaires, qui s'autorisa, sous l'effet d'une ivresse profondément désinhibante et d'une envie irrépressible, à uriner là, au point soudain que par un miracle de la physique, ses voisins, pourtant déjà terriblement comprimés les uns contre les autres, surent encore dégager quelques mètres, libérant un cercle, comme une auréole non pas au-dessus mais autour de lui. Moïse séparait les eaux de la mer Rouge, Chichi séparait par ses eaux jaunes le peuple vert.

Je revois les joueurs du Racing célébrer sans égard pour notre peine immense leur victoire (2-0) face aux quelques dizaines de leurs supporters positionnés en tribune Henri-Point. Je revois nos joueurs à genoux au coup de sifflet final, effondrés, en pleurs, au diapason d'un stade soudain mortellement silencieux. L'abattement total, maximal, final.

Du match il ne me reste rien sinon l'impression qu'on n'avait pas su être dangereux, qu'offensivement nous étions si mal équipés – Pascal Carrot en pointe tout de même… –, qu'il aurait fallu un miracle pour faire trembler les filets et que donc, selon l'expression consacrée, nous aurions pu jouer dix heures sans marquer.

Quelques semaines plus tard, sur ce même pré soudain maudit, Platoche, qui avait déclaré être heureux de revenir jouer dans son jardin (ce qui n'avait pas manqué de flatter mon orgueil), vint marquer le plus beau et plus parfait triplé du foot français – un du gauche, un du droit, un de la tête – contre la Yougoslavie, nous rassurant sur la magie, provisoirement perdue, des lieux et pansant par là même un peu nos plaies. Avec son éternel numéro 10, celui que les journalistes de *Stade 2* allaient bientôt surnommer « qui vous savez » au moment de présenter ses « buts venus d'ailleurs » – en l'occurrence de Turin – teintait d'un peu de vert ce triomphe des Bleus.

On n'est pas d'un pays mais on est d'une ville, chante Bernard Lavilliers dans son hommage sombre, austère, poignant à Saint-Étienne. Je ne découvris cette si vibrante chanson que plus tard, au moment justement où, sans bien en comprendre la cause, peu à peu, mon supporterisme validait cette théorie.

En effet, arrivé à l'âge adulte, mon chauvinisme tricolore – bleu, blanc, vert – allait progressivement se délester de sa part nationale. Certes il y eut le magnifique été 1998 qui me procura un immense plaisir, noyé d'abord sous des fontaines de champagne puis dans les fontaines de la place de la Concorde. Puis, son petit frère, son admirable réplique, la victoire de l'Euro 2000 magnifiée par l'exceptionnel scénario de la finale, où il fut encore question de champagne, débouché un peu trop hâtivement dans le camp d'en face. Gagner pour la première fois quand on a cru être loser éternel est un Annapurna. Demandez donc au Lendl triomphant de McEnroe à Roland-Garros en 1984 ce qu'il en pense.

Mais désormais rien n'égale plus en valeur absolue l'émotion, positive ou négative, que me procurent les résultats des Verts. Dans un dernier soubresaut, ma théorie des courbes inversées trouvait sa démonstration la plus parfaite, la plus extrême ce fameux été 1998 qui vit les Bleus gravir le toit du monde pendant que les Verts creusaient leur tombe, flirtant avec une deuxième chute, cette fois-ci probablement définitive, en championnat National. Englués en division 2, menacés de relégation au rang inférieur, incapables du moindre sursaut et de maîtriser leur destin, ils s'inclinaient 1-2 lors de l'ultime journée à Lille et ne devaient leur salut qu'au faux pas d'un concurrent direct. La France était black-blanc-beur, les Verts étaient au fond du trou, et si les deux émotions étaient grandes, elles ne s'annulaient pas.

La joie du 12 juillet n'était pour moi qu'un dérivatif momentané à la tristesse insondable de voir Sainté depuis tant d'années non seulement végéter, mais désormais au bord du précipice.

Maudits

Pauvre maudit
Comme ta vie doit être une longue nuit[1]

_Véronique Sanson

Plus que jamais grandissait en moi l'idée que mon club était maudit, que j'étais maudit, que nous étions lui et moi, lui donc moi, ensemble, maudits.

Car il est bien établi que le vrai supporter s'identifie à son équipe. Il perd et pleure avec elle. Le fameux *On a gagné !* qu'on lance à l'ami ou au collègue qui s'enquiert du résultat des Verts surprend toujours celui-ci au point que se croyant drôle, il s'empresse souvent de rétorquer : *Ah bon, tu y étais sur le terrain ?*

Oui, sombre crétin, nous y sommes, notre âme y réside. Parce que ce terrain est le théâtre de notre folle passion. Parce que les centaines de matchs vécus dans ce Chaudron nous en font connaître par cœur chaque recoin, la lumière de chaque saison, à toute heure de l'après-midi ou du soir, sous la neige en rafale qui irrationalise le jeu et électrise

1. « Le maudit (mais ta douleur efface ta faute) », *Le Maudit*, 1974.

la foule, comme sous ce soleil de printemps dépassant la tribune Pierre-Faurand pour aveugler Henri-Point. Nous contemplons sa pelouse sous tous les angles, car nous avons fréquenté toutes les tribunes. Nous en connaissons toutes les ambiances : en liesse et plein comme un œuf ou aux trois quarts vide et sonnant désespérément le creux. Dans un vacarme assourdissant de cris de joie ou d'applaudissements nourris comme dans celui des sifflets énervés d'une bronca haineuse. Dans la solennité poignante d'une minute de recueillement, ou dans le silence soudain, brutal, du coup de poignard d'un but fatidique encaissé au bout du temps additionnel. ON a gagné, ON a perdu, car notre âme y réside, oui, et notre être tout entier y a tant vécu d'émotions extrêmes. Sur ce terrain, on y est donc, tous les quinze jours, et parfois même physiquement, lorsque nous l'envahissons, ces rares soirs d'ivresse célébrant les fins de saison accomplies.

Nous ne faisons qu'un, et ce soir de mai 1998 il était clair qu'on n'y arriverait jamais, rengaine si souvent partagée par les supporters déprimés pour résumer ce fatalisme généralisé face aux échecs accumulés de notre club.

Arriver à quoi ? À vivre un bonheur autre que fugace, à connaître une éclaircie qui ne soit pas aussitôt suivie d'une douche écossaise. À connaître de nouveau, sinon la joie d'un titre, au moins la fierté d'une période faste et durable. À choper des crampes à force de bomber le torse.

Il faut imaginer Sisyphe heureux, a écrit Albert Camus. L'idée que son destin est sisyphéen vient assez vite à l'esprit du supporter vert pour peu qu'il en ait un soupçon, d'esprit, et quelques lettres. Condamné à remonter la pierre vers les sommets, et la voir systématiquement redescendre, que peut-il faire sinon, avec fatalisme, considérer que la légende verte devait être vouée à rejoindre le mythe grec ? Que peut-il espérer sinon un peu de clémence d'un hypothétique dieu du football, dont on entrevit un soir d'été 1986 la main argentine sur une pelouse mexicaine ? La pleine conscience de l'inexorabilité de son triste destin ne rend pas pour autant le supporter vert heureux hélas. Lucide, oui, détaché, non, même lorsqu'il s'évertue à se montrer philosophe.

La plus belle illustration de cette histoire en montagnes russes, de cet ascenseur émotionnel permanent que vit le supporter vert, fut sans doute cette terrible fin de siècle. Entre 1999 et 2001, en seulement deux saisons, les Verts, après avoir retrouvé le paradis de la division 1 puis en avoir dans la foulée délicieusement tutoyé les sommets, renouèrent avec leurs pires démons et replongeaient aussitôt en enfer.

L'enfer. Oui, l'enfer, car la chute survint de façon aussi brutale qu'inattendue. Nous tombions de haut, car nous avions touché au sublime en matière de jeu et d'émotions les semaines précédentes. Nous tombions très bas, car, ce club ne fait décidément pas les choses à moitié. Aussi sûrement que ses élans et ses succès emportent tout, ses tourments et ses crises dévastent tout. Si nous savons surfer sur la vague jusqu'au nirvana, nous ne parvenons que trop rarement à enrayer une chute. À Sainté, on ne fait pas les choses à moitié et je ne sais voir là qu'une preuve supplémentaire d'un club vibrant de passion. Les Verts, c'est spectaculaire ou ce n'est pas. C'est viscéral, c'est toujours du brutal.

Au cœur de l'automne 2000, le club entrait en crise et allait sombrer très rapidement dans une agonie terrible, car aussi lente que fatale, dont la cause est autant à chercher du côté de l'amateurisme de nos dirigeants que du machiavélisme de nos concurrents, au premier rang desquels le plus influent d'entre eux et ses pantins de la Ligue.

Contrairement à notre précédente plongée en division 2 en mai 1996, nous tenions pourtant sportivement parfaitement la route, mais c'est en coulisses que se préparait la déroute. La fameuse affaire des faux passeports fut l'idéale opportunité donnée à d'autres clubs, en particulier au plus proche géographiquement, de dézinguer un concurrent redevenu menaçant.

Qu'importe au fond que d'autres, comme Monaco, Strasbourg ou Metz, en aient aussi croqué, des faux passeports. C'est Sainté, coupable d'avoir cherché à masquer qu'il dépassait le quota autorisé de trois joueurs extracommunautaires dans un effectif, qui allait payer pour tous. Il fallait un tricheur officiel pour les tribunaux médiatiques, et ce fut nous. Il fallait, pour le numéro de chevalier blanc exigé par le ministre des Sports et joué par la Ligue, qu'on punisse de façon exemplaire, qu'une tête tombe – ce fut la nôtre.

J'avais tout à la fois une parfaite conscience de la faute grossière de nos dirigeants et une totale lucidité sur l'hypocrisie du système qui sciemment décidait de nous enfoncer. Oui, la faute était grossière, car aller inventer des origines et un passeport grec à un gardien ukrainien semblait une manipulation bien simplette. Oui, nos dirigeants révélaient là leur profond amateurisme tant l'histoire démontra ensuite que rien n'avait été anticipé, et surtout pas l'absence de scrupules, pourtant prévisible, qu'auraient nos concurrents au moment de nous dénoncer, nous accuser, nous enfoncer, puis nous enterrer.

Le cynisme absolu de certains s'incarna parfaitement dans la décision, quelques jours après notre descente en division 2, de faire passer dans le règlement de la Ligue de trois à cinq le nombre de joueurs extracommunautaires autorisés dans un effectif. Nous avions fauté et avions donc été punis pour une faute qui n'en était désormais plus une. Iznogoud, puisqu'il s'agissait de lui, après avoir révélé l'affaire à l'occasion du derby et précipité notre chute, fut l'initiateur numéro 1 de ce changement. Et parce qu'il disposait des moyens financiers les plus conséquents de France, il en fut ensuite le premier bénéficiaire : son club et sa clique de Brésiliens remportant quelque dix mois plus tard son premier championnat.

La douleur ressentie au moment de la chute fut presque physique. Je n'en ai pas connu de pire à ce jour. L'enchaînement tous les deux ou trois jours des perquisitions du SRPJ, des dépôts de plainte contre X, des réserves déposées par les clubs adverses, des interminables gardes à vue suivies d'inévitables mises en examen de nos joueurs me laissait sonné tel le boxeur roué de coups.

Mais l'arbitre n'avait pas encore compté 10… Le 16 janvier 2001, la Ligue décide d'enlever sept points au club, aussitôt plongé dans la zone rouge. J'avais été sonné, j'étais désormais K-O. K-O et aigri. L'issue de la saison ne faisait dès lors plus guère de doute, mais il restait encore quatre mois de compétition et près de vingt matchs. C'est une douloureuse éternité, quatre mois sans aucun espoir, pour un supporter.

Gagnés par l'impression d'acharnement, nous avions sans surprise ni réelle illusion appris que nos dirigeants faisaient appel des sanctions. Comme un fait exprès, l'appel fut jugé le 6 février, jour d'un déplacement en semaine des Verts à Rennes. Le verdict ne nous fut pas favorable. Forcément. Il tomba en fin d'après-midi, juste avant le match. Forcément. Ce match, j'avais prévu d'aller le voir chez mon ami Fred. En temps normal, cela m'aurait offert une délicieuse entorse à ma morne routine de salarié : quitter le vingt-deuxième étage de ma tour en fin de journée, traverser le parvis triangulaire du CNIT, m'engouffrer sous terre et rejoindre la masse imposante, uniforme et éteinte des cadres costardisés sur le quai de la station RER de La Défense pour rentrer chez moi. En temps normal, j'aurais eu l'excitation au cœur, cette excitation particulière d'avant match, en allant prendre un inhabituel tramway, direction Boulogne-Billancourt où Fred créchait dans un studio moderne d'un quartier populaire.

Ce soir-là, nulle trace d'excitation. L'atmosphère était pesante. Exclusivement pesante. Le porto que me servit Fred avant le coup d'envoi, avec ses éternels bretzels auxquels j'avais fini par prendre goût, ne faisaient pas cette fois-ci monter la température. Nous n'avions ce soir-là pas le cœur aux habituelles fanfaronnades idiotes qui peuplent les avant-matchs à coups de *Qu'est-ce qu'on va leur mettre aux galettes-saucisses !* Aucun appétit pour ces plaisirs régressifs. Pas accès à la si plaisante légèreté qui précède la tension du match. Rien de tout cela. Chaque gorgée était ponctuée de *Comment veux-tu espérer quoi que ce soit ?*, de *Quel scandale !* ou de *Ils vont tuer le club.*

Sans incertitude, glorieuse ou non, plus aucun plaisir. À la place, la tristesse et l'amertume avaient fait leur lit de ces sanctions à répétition. Bien entendu, probablement moralement aussi atteints que nous, les Verts sombraient 0-3 au Stade de la route de Lorient.

Comme souvent quand le sort est contraire, l'après-match fut vite expédié. Je ne m'éternisai pas chez Fred. Le chemin du retour par cette si longue ligne 9 fut peuplé d'idées noires.

La Ligue jouait avec nos nerfs, s'amusait comme le chat de mon enfance avec la souris, qui desserre son étreinte et lui laisse l'illusion de pouvoir s'échapper avant de l'assommer de nouveau d'un coup de griffe, puis de la garder prisonnière dans sa gueule. Oui, la Ligue aux mains de dirigeants tout sauf neutres, car présidant aux destinées de clubs concurrents donc forcément juges et parties, avait décidé de s'offrir une virginité à peu de frais en clouant Sainté au pilori. Nous étions la victime d'un système qui avait décidé de sacrifier un club insuffisamment organisé et trop peu présent dans les instances pour faire sa loi.

Ce semestre de sanctions, d'abord brandies comme des menaces et des garanties de justice apportées au bon peuple, puis validées par des commissions d'éthique, et enfin modifiées, adoucies ou alourdies au rythme des commissions de discipline et d'appels ; ce semestre de suspensions de nos leaders d'attaque, les Brésiliens Alex et Aloísio, et de chute inexorable fut un véritable supplice qui a laissé dans nos cœurs une blessure, une aigreur et un ressentiment éternels que résume parfaitement ce simple, direct et trivial slogan repris depuis vingt ans à Geoffroy : *La Ligue, la Ligue, on t'enc... !*

Et pourtant. Comment repenser à ces mois horribles, sans leur associer aussitôt les deux années de parenthèse enchantée qui les précédèrent ?

Quel terrible vertige saisit collectivement le peuple vert ! D'abord l'aventure de la remontée lors de la saison 1998-1999. Une renaissance, une résurrection même tant nous revenions d'entre les morts. Il faut se souvenir que le club végétait lamentablement aux portes du championnat National depuis deux ans lorsque Robert Nouzaret débarqua en juin 1998. Et que ces deux années médiocres en division 2 succédaient elles-mêmes à deux saisons pathétiques en division 1, celle de 1995 achevée à la 18e place et qui aurait dû déjà nous valoir une relégation sans la providentielle sanction administrative contre Marseille pour cause d'affaire VA-OM – un sauvetage comme un affront –, et la 19e place, cette fois-ci fatale, en 1996. Quatre longues années à frayer dans les bas-fonds du championnat de division 1 puis 2, à ne gagner en moyenne qu'un match sur quatre, à n'avoir qu'une seule certitude, une perspective chimérique pour alléger notre peine, celle que serait dignement fêté le jour où enfin tout cela cesserait.

Et ce jour arriva. En quelques semaines, le club sans argent mais avec une âme revigorée par Nouzaret redevint conquérant et même quasi irrésistible, ne connaissant l'amer goût de la défaite qu'à la 21e journée de championnat à Guingamp, 0-1. Nous étions littéralement invincibles au point où j'abordais les matchs durant cette séquence automnale de rêve dépourvu de crainte – une sensation si peu savourée en quarante années de supporterisme. Je baignais dans une confiance absolue, immunisé contre l'angoisse d'avant match par l'habitude des scénarios immuablement favorables et l'impression de force tranquille que dégageait l'équipe. Il faut profiter de ces moments, en entretenir le souvenir, tant ils sont doux et rares.

Arrivé donc en juin 1998, quelques semaines après une fin de saison qui avait failli nous voir disparaître, Robert Nouzaret, le Nouz, véritable Lino Ventura du coaching, père Fouettard à l'ancienne, bâtit une équipe de grognards qui mit la division 2 à ses pieds. Des joueurs en fin de carrière, plus séduits à l'idée de jouer dans un club mythique qu'avides d'un dernier gros contrat. Des joueurs désireux de s'offrir une ultime tranche de passion plutôt qu'une valise remplie de pognon. À ces cadres, le Nouz ajouta une pincée de jeunes formés au club ou recrutés dans les clubs amateurs de Sainté et ses environs. Recette simplissime pour saison délicieuse. Ils s'appelaient Subiat, Revelles, Ferhaoui. Ils s'appelaient Sablé, Sarr, Mettomo. Ils s'appelaient Ponsard, Fayolle. On n'avait plus de charbon, mais des idées et de l'envie à revendre.

Dix mois plus tard, dix mois de jeu débridé, de plaisir partagé, nous retrouvions l'élite, et le rêve se poursuivit : notre retour sur la grande scène fut fracassant. Les nuls à Monaco (2-2) puis Marseille (3-3) au cœur de l'été 1999 remirent avec grâce et panache Sainté au centre de la carte du foot français. Du jeu, des buts, de somptueuses arabesques de nos deux Brésiliens débarqués de Goiás, Alex et Aloísio, joueurs inconnus d'un club mystérieux. Le miracle était en marche, la folie gagna le Chaudron. Tout dans cette saison fut flamboyant. Il est des saisons terriblement humiliantes, il est des saisons banalement oubliables, et dans une troisième catégorie, rare, on trouve des crus exceptionnellement bandants. Des qui marquent à vie, des qui tutoient le sublime, des qui vous emmènent aux cimes, des qui distribuent du plaisir hebdomadaire, des qui remplissent votre réservoir à fierté pour passer l'hiver au chaud, des qui nourrissent d'anecdotes délectables les discussions enflammées des réunions de vieux supporters pour des décennies.

Tu te souviens ? J'me pinçais pour y croire en contemplant le panneau d'affichage, à 4-0 contre Marseille... Et leurs bus de supporters filant dans la nuit noire à la mi-temps...

Et cette rentrée d'Alex contre Nancy, on n'a jamais vu un truc pareil, le coup du sombrero, sa reprise sur le poteau ! Et la tempête de neige contre Montpellier, le tutu d'Aloísio pour le cinquième pion !

Le style pensé et mis en scène par le Nouz, et joyeusement joué par ses troupes, convoquait les plus grands. Entrer sur le terrain avec une telle envie, offrir des entames de match si énergiques, jouer avec ce sentiment d'urgence, cette absence de calcul, on se serait cru à un concert des Clash. C'était *Sainté calling* ! Il y avait dans ce millésime 1999-2000 un peu du Sainté de Robert Herbin époque 1987-1988 qui m'avait tant plu. La gémellité Herbin-Nouzaret me sautait aux yeux : l'âge et la personnalité des deux entraîneurs, le jeu simple tourné vers l'avant, basé sur des entames de match à étouffer l'adversaire, le formidable duo d'attaque – Tibeuf-Garande hier, Alex-Aloísio aujourd'hui –, les démonstrations à domicile et les victoires homériques ou valises historiques rapportées de l'extérieur, l'enchantement des supporters par le jeu autant que par les résultats – 4e en 1988, 6e en 2000 –, pas de doute, ce cru entrerait dans l'histoire.

En point d'orgue de cette saison, en son sommet trône le tremblement de terre du 12 décembre 1999. Contre Marseille, dans le Chaudron, le triomphe 5-1, le quadruplé d'Alex... Pour la première fois de ma vie de supporter, je me pinçais en tribune pour y croire. Un aller simple pour mon panthéon personnel. Si, au soir de ma vie, ma mémoire alzheimerisée devient une toute petite île déserte ne gardant de la place que pour une poignée de souvenirs, quelques perles dont la simple évocation m'offrirait un doux répit, quelques madeleines pour ramener le sourire sur un visage marqué par le poids de tout, et de l'âge surtout, ce Sainté-Marseille, à n'en pas douter, en ferait partie. Pour le phénoménal pied pris, pour l'exceptionnel résultat et l'ambiance magnifique ce soir-là à Geoffroy. Surtout pour la symbolique immense à mes yeux de la revanche sur le destin : ci-gît une terrible malédiction, celle de ma jeunesse passée à maudire Marseille, le meilleur ennemi, celui qui me fit tant de mal, celui qui – le seul en France –, par son histoire, par l'engouement qui l'entoure et par sa progression sportive, pouvait fragiliser notre statut unique de club mythique, de club à part.

Le plus beau palmarès, le meilleur public, le club mythique en France c'était... Inutile de faire durer le suspense, sans aucune entorse à l'objectivité, c'était Sainté. Mais l'ère Tapie ramena brutalement, vulgairement aussi, Marseille sur le devant de la scène : les titres s'accumulaient pour un club populaire d'une vraie ville de foot. La menace était réelle. Et d'autant plus pénible que nous ne pesions sportivement pas lourd face à eux durant toutes ces années. Nous en étions réduits à choper quelques nuls chez nous et à espérer éviter la fessée chez eux.

C'était donc un double crime de lèse-légende commis par l'OM : celui de venir nous concurrencer dans notre statut que j'imaginais éternellement à part, et de nous humilier biannuellement dans les confrontations directes. En décembre 1999 s'avançait donc à Geoffroy un club qu'on n'avait plus tapé depuis vingt ans. Putain, vingt ans ! Toute ma jeunesse !

Ce qu'accomplit Alex ce soir-là, ce qu'il nous offrit sur un plateau, fut donc une immense délivrance. Spectateur en kop de ma première victoire contre Marseille, je fus pour ainsi dire déniaisé, et de quelle manière !

Achevée à la 6e place en mai 2000, cette deuxième saison idyllique nous remplit d'espoir et de confiance. Trop. Mais coupablement naïfs, nous l'ignorions.

Le rêve semblait devoir se poursuivre. Portés par la vague, nos dirigeants retrouvaient l'ambition et décidèrent d'investir en misant sur des joueurs internationaux, prometteurs ou reconnus. En août 2000, guidés par cet Alex – agaçant aux yeux de son coach, et surtout génial aux yeux des supporters –, les Verts balayèrent de nouveau Marseille 3-0, s'invitant sur le podium. Ils avaient bissé ! Même dans mes rêves les plus fous, je n'aurais pu imaginer qu'en moins de neuf mois et deux visites dans le Chaudron, les Verts allaient en mettre 8, dont 6 d'Alex, à notre bourreau de vingt ans. Des stats d'un autre temps, qui fleurent bon les années 1950 ou 1960. Entre ici, Alex...

L'équilibre de l'effectif, les multiples talents qu'il recélait, et la brillance du jeu proposé nous autorisaient les espoirs les plus fous. Même fugace, cette impression enivrante que tout redevenait possible, que décidément les grands clubs ne meurent jamais, est probablement restée dans les mémoires vertes.

Je n'avais, dans mon histoire de supporter, jamais connu une telle progression. Aussi fulgurante, aussi continue. Du fond du trou jusqu'à entrevoir le sommet. J'en étais follement convaincu : Sisyphe allait le ravaler, son mythe.

Y a de la haine aussi

On n'a pas que d'l'amour à vendre, ça oui
Y a d'la haine !
La haine aussi faut qu'elle se répande
Sans que ça freine[1]

_Les Rita Mitsouko

Supporter, c'est être pour. Apporter ses encouragements, si on en croit le *Larousse*.

C'est être contre aussi. Souhaiter la défaite, le malheur du rival, si j'en crois mon expérience... de supporter.

Les Spurs de Tottenham vouent une haine féroce aux Gunners d'Arsenal. Les Mancuniens ne peuvent pas encadrer les Reds. Les Knappen de Schalke 04 exècrent le Borussia Dortmund. On pourrait filer bien au-delà des frontières européennes, on y retrouverait, partout où le football est le sport roi, donc partout, des rivalités historiques qui font que consubstantiellement à l'amour qu'un supporter porte à son équipe existe une haine d'intensité équivalente pour l'ennemi juré.

1. « Y a d'la haine », *Système D*, 1993.

Entendons-nous, on n'en est pas fier de cette haine-là, mais on n'y peut rien. Elle est là, et tenter de la réduire ou de la masquer paraît vain. C'est juste plus fort que nous et, en y regardant de plus près, « être pour » dans un sport fondé sur une confrontation directe, c'est par définition aussi « être contre ». Sinon on est neutre. Or je ne suis pas neutre. Donc je suis contre. CQFD.

J'ai, à cette règle universelle, apporté une variante. On dit souvent qu'un homme peut changer de voiture, de boulot ou de femme, mais qu'il ne change pas de club. C'est vrai, au bémol personnel près que j'ai d'abord, et jusqu'au bout du siècle précédent, placé Marseille en tête de mon hit-parade des clubs détestés. Avant de changer.

Marseille, le rival historique de Sainté. Le rival « complet » en quelque sorte. Celui qui coche chaque case pour mériter ce titre d'ennemi numéro un : un palmarès qu'on qualifiera de comparable, même s'il l'est uniquement devenu, comparable, à la fin de mon adolescence, sous le règne de Bernard Tapie ; une ferveur populaire à la fois différente par ses démonstrations, et en même temps similaire par sa dimension et parce qu'elle est le fruit de la fusion d'une ville et de son club ; des épisodes anciens qui ont posé les bases de cette rivalité et la rendent aujourd'hui historique. En particulier cette rocambolesque fin de saison 1971, où les Verts auxquels le titre semblait promis finirent par le perdre à cause de l'affaire Carnus-Bosquier.

Champions en 1967, 1968, 1969 et 1970, ils filaient vers un cinquième titre consécutif, mes Verts. Dans un monde en plein bouleversement, ils représentaient un îlot de stabilité :

1967 : il y eut la guerre des Six Jours, l'album à la banane du Velvet Underground. Et les Verts.

1968 : il y eut Sous les pavés, la plage ! *Beggars Banquet* des Rolling Stones. Et les Verts.

1969 : il y eut le départ du Général, les premiers pas sur la Lune, l'année érotique de Gainsbourg. Et les Verts.

1970 : il y eut le SMIC, la mort d'Hendrix et Joplin, l'arrêt de Gordon Banks, le grand pont génial de Pelé sur Mazurkiewicz. Et les Verts.

1971 : il y eut *Orange Mécanique, Sticky Fingers* des prolifiques Stones, Morrison retrouvé mort dans sa baignoire..., et il y aurait dû y avoir les Verts. Mais c'était sans compter sur le foot business et ses premiers ravages.

Bien avant que l'expression apparaisse, le foot business commit là son premier crime contre l'esprit du sport et sa glorieuse incertitude. Georges Carnus et Bernard Bosquier, deux des tauliers de ce qui fut peut-être la plus grande équipe verte de l'histoire, furent contactés par Marseille avant la fin du championnat. Marseille second au classement – à la poursuite des Verts –, dont le président Leclerc, désireux de remettre en cause l'hégémonie stéphanoise par tous les moyens, se mit d'accord à coups de francs bien lourds avec les deux piliers de notre défense. L'affaire est ébruitée avant un Sainté-Bordeaux qui, vu le classement des Girondins, s'apparente à une formalité. À la veille de cette 31e journée du championnat, l'ASSE compte trois points d'avance sur Marseille. Mais la polémique enfle et Carnus, loin d'être impérial dans ses cages, encaisse trois buts dans le Chaudron. La défaite fait mal comptablement. La défaite fait mal symboliquement. Et dans la foulée,

Rocher, notre inflexible et fier président, décide d'écarter Carnus et Bosquier pour les sept dernières journées, pour cause d'intelligence avec l'ennemi. Tempête dans un club, tiraillé entre l'envie de l'effectif de garder toutes les forces vives pour le sprint final au risque de perdre l'honneur, et celle d'un dirigeant qui préféra préserver l'honneur au risque de perdre le championnat. Probablement aveuglé par la confiance que confèrent quatre titres consécutifs, Rocher n'imaginait probablement pas pouvoir perdre le cinquième.

Las, dans la foulée, privés des « traîtres » et par là de leur assise défensive, les Verts en prennent cinq à Nîmes et finissent au soir du baisser de rideau quatre points derrière le rival honni. Il nous était promis ce titre. Il est là, le onzième titre de champion de France…

La saison laisse en bouche ce goût amer et persistant d'une logique sportive bafouée par l'argent roi. Elle nous offre un pire ennemi historique, et le commencement d'une rivalité perpétuée de génération en génération.

L'idée que le foot français, pour tenter de se grandir, s'abaisse à emprunter les coutumes ou expressions de ses glorieux voisins à la culture foot tellement mieux établie est assez pathétique. Mais s'il devait y avoir un *clásico* en France, ce serait bien évidemment Marseille/Saint-Étienne pour leur poids historique respectif, leur palmarès, la passion qui les anime et leur rivalité, et non pas l'artificiel Marseille/PSG.

Marseille, ce fut à la fin de mon adolescence la première haine vouée à un club, et à son président qui l'incarnait si bien. Marseille était Tapie. Tapie était Marseille. Marseille la sulfureuse était vouée à se donner à un président de cette veine-là. Sans foi ni loi, l'homme d'affaires au verbe haut, aux méthodes douteuses, à la réussite très – trop – éclatante, arrive dans le foot avec les mêmes recettes et devient à Marseille le président d'une voyoucratie assumée, portée en étendard. C'est d'ailleurs plus dans ce dernier aspect que dans ses dérives réelles, mais pas forcément nouvelles dans le monde du foot, que ce Marseille a innové et s'est rendu détestable à mes yeux comme à ceux de la France du foot. C'est la forme tout autant – sinon plus – que le fond qui a généré tout cela, et probablement causé la chute du club, et de son président, en 1993.

Quel bonheur ce fut alors pour moi de constater que Tapie et l'OM périssaient par là où ils avaient fauté. La justice triomphait. Cette ultradomination sur le foot français, et leur titre de champion d'Europe de 1993 seraient à jamais associés au doute et à la tricherie.

Tapie, qui ne s'était jamais embarrassé de bonnes manières, avait introduit dans le foot un mode de présidence sans gêne, où la magouille fut élevée au rang de projet de club. Tout donc pour susciter en moi cette haine, ce rejet total. Un club normal, on le déteste deux fois par an, à l'aller et au retour, au moment où il affronte notre équipe. Et encore, pas toute la journée, pendant seulement quatre-vingt-dix minutes à partir de 20 h 30 le samedi, dans les gradins ou l'oreille collée à son transistor (transistor, un mot tombé en désuétude, tout comme ce foot simple et nettement moins pollué par l'argent). Marseille, c'était une détestation de tous les instants : trois cent soixante-cinq jours par an. Qu'on joue à Auxerre en janvier ou qu'on soit en pleine trêve estivale, l'autre actu qui me réjouissait ou me plongeait en plein désarroi après Sainté concernait forcément Marseille. Un transfert de grand joueur, la rumeur de l'arrivée de Maradona, une victoire ou pire un titre, tout cela me déprimait inévitablement. Une défaite surprenante, 50 000 francs trouvés dans un jardin, une main de Vata au si bien nommé stade de la Luz – prononcer *lose* – me mettaient en joie. Je me souviens avoir patiemment couvert un tee-shirt blanc d'inscriptions aussi subtiles que *Tapie pourri* le jour de leur finale de la Coupe des champions contre le Milan AC. Je me rappelle le soulagement ressenti au spectacle de leur finale perdue aux tirs au but deux ans plus tôt contre l'Étoile rouge de Belgrade. Je me souviens de tous ces épisodes insupportables, de nos Laurent Fournier ou Lubo Moravčik contactés par Marseille quelques jours avant qu'on les affronte, dans une sorte de remake gerbant de l'affaire Carnus-Bosquier, de la canette que Papin n'avait reçue que sur l'épaule en arrivant devant le Chaudron et de son vrai-faux traumatisme crânien, de la victoire remise en cause – pour une fois que Didier Tholot avait marqué... –, de ce match à rejouer parce que Tapie l'avait décidé, et du pied absolu pris au moment où, d'une reprise du genou improbable, dans un angle impossible, Christophe Deguerville avait arraché le nul dans les derniers instants de ce match. Non, le mal ne triomphait pas toujours, en tout cas pas totalement, et ce nul arraché avait le goût de la victoire.

Cette haine enfin était entretenue, consolidée dans ses fondations, par cette trop longue et si pénible série de matchs sans victoire de mes Verts face à l'OM. À force de déceptions, au rythme alternant d'un pénible nul arraché dans un Chaudron plein comme un œuf et d'une large défaite dans ce maudit Stade-Vélodrome, cet adversaire me semblait aussi invincible qu'insupportable, l'un alimentant naturellement l'autre.

Une série semblable par sa forme et sa durée a alimenté ma deuxième haine, celle que je voue à Lyon. Si elle est deuxième ce n'est que par ordre d'apparition, car elle a pris le pas, en l'atténuant, sur ma détestation de l'OM. Par ce curieux phénomène popularisé par Christian Clavier dans *Les Bronzés font du ski* au moment de remettre une épaule démise, je constate ainsi depuis une vingtaine d'années que si l'apparition soudaine d'une douleur atténue la précédente, il en est de même de mes détestations footballistiques. Au point que Marseille peut parfois aujourd'hui m'apparaître sympathique par certains aspects alors qu'il m'est impossible d'imaginer, ne fut-ce qu'une seule seconde, la même chose avec Lyon.

Lyon, Sainté... L'affaire est clairement établie depuis des lustres : on ne s'aime pas. Si mon rejet de Marseille a une double origine précise, l'affaire Carnus-Bosquier et les années Tapie, pour Lyon c'est à la fois ancestral et progressif.

Il y a dans cette détestation de toujours comme une *Guerre des boutons* rejouée à l'infini. La proximité géographique entre les deux villes est le terreau naturel de la rivalité, bien au-delà du football. Les habitants des deux cités se côtoient au quotidien, et se plaisent à cultiver leur différend en soulignant jusqu'à la caricature leurs différences. Les clichés éculés semblent empêcher tout apaisement, interdire toute réconciliation. Ils imposent l'idée que cette haine est une fatalité. Il faut choisir son camp : Lyon la bourgeoise ou Sainté l'ouvrière, le pot de fer ou le pot de terre, la bourse ou la vie ?

Comme l'immense majorité des habitants des deux villes, j'ai facilement, par atavisme, adhéré à ces confortables idées reçues. J'avais à la fois conscience de leur part de réalité et de leurs limites, et ne leur accordais au fond qu'une importance relative.

Jusqu'à mon arrivée à dix-huit ans entre Rhône et Saône pour y entamer mes études. J'y débarquais en 1989 au moment où Lyon remontait en division 1 après six ans de purgatoire, et les deux clubs allaient de nouveau s'affronter.

Des budgets moyens et comparables, des scores serrés chez nous comme chez eux : la rivalité sportive renaissait pour la première fois dans un contexte équilibré. C'est précisément à cette époque que cette animosité, qui tenait à mes yeux du folklore et m'était jusqu'ici étrangère, grandit en moi.

Pas immédiatement pour des raisons sportives. Mais plutôt par ma découverte, plongé au cœur de cette ville, de la suffisance lyonnaise. Cette morgue, qui m'a semblé très vite largement répandue, conduit les Lyonnais à toiser de haut les métropoles voisines, Sainté, mais aussi Clermont ou Grenoble. Venant de Sainté, j'étais à leurs yeux un bouseux débarquant tantôt d'Albanie ou de Roumanie, leur mépris de classe s'épanouissant de préférence du côté de l'Europe de l'Est.

Était-ce d'avoir tant souffert de n'être que notre banlieue en matière de football, ou seulement le prolongement de ce complexe de supériorité de la troisième ville de France qui n'aime rien plus que s'imaginer rivaliser avec Paris ? Le fait est que les Lyonnais jouissaient de nous toiser d'égal à égal dès leur retour en division 1.

Étudiant en classe préparatoire, j'étais chambré, gentiment mais régulièrement, par mes collègues d'études et de souffrances sur mes origines – il faut dire que sur une trentaine d'élèves, nous n'étions que deux ou trois à ne pas être lyonnais. Et c'est sans doute à ce moment, sans que j'en eusse conscience, que grandit en moi ce ressentiment contre Lyon, son club, et au-delà, la ville et ses (in)dignes représentants.

Lors de ces deux années, je découvris tout le mépris des Lyonnais pour ma ville et le pris donc intégralement pour moi. Je compris aussi que l'arrogance de la ville infiltrait largement son club en découvrant pour la première fois le chant anti-stéphanois, dont les mots choisis pour humilier évoquent *la misère* de *supporter les Verts* et assimilent *Geoffroy-Guichard* au *pays des bâtards*.

Lorsque j'entendis deux décennies plus tard ce chant au balcon de l'hôtel de ville de Lyon, repris a capella par les joueurs lyonnais venus célébrer en mai 2012 une victoire en Coupe de France (fêter une victoire contre Quevilly en insultant Sainté, comment osaient-ils ?), ce n'était à mes yeux que le prolongement de la banderole déployée par les Lyonnais lors d'un derby douze ans plus tôt : *Les Gones inventaient le cinéma quand vos pères crevaient dans les mines*, et au fond la confirmation de ce que j'avais découvert à dix-huit ans.

Le chambrage m'a toujours paru être le sel des derbys, mais on était là au-delà des moqueries entre supporters, dans une volonté répétée, assumée, et irresponsable d'humilier le voisin. Combien de fois ai-je entendu, dans ces fameuses petites phrases lancées en conférence de presse avant le derby, un joueur lyonnais interrogé sur la ville de Saint-Étienne affirmer le sourire narquois aux lèvres qu'il ne voyait pas ce qu'il irait y faire, à part jouer un match de foot ?

Fatalement, touché par ces attaques à répétition dans mon identité de Stéphanois, j'en suis venu à trouver tous les défauts de la terre à ce club. Je le maudis, lui et son palmarès de nouveau riche, lui et ses complicités arbitrales, lui et son insupportable patron, jamais le dernier pour chercher à nous blesser.

Tout devient prétexte à les moquer : les incroyables errances esthétiques de leur maillot, tour à tour jaune, blanc, bleu, rouge, orange, violet ou noir selon la saison et la compétition jouée, preuve s'il en fallait de la coupable absence d'identité d'un club qui s'est d'abord construit *contre* l'ASSE, plutôt que de se bâtir une vocation propre.

Puisqu'il faut répondre, puisqu'on est attaqué, je moque également, en fredonnant du Brel – *qu'aimerait bien avoir l'air, mais qu'a pas l'air du tout* –, leur incapacité à gagner les cœurs de la France du foot, ce que tous les grands clubs français sont, à des degrés variables, parvenus à faire.

Je ris enfin de leur *academy*, de leur *institution*, de leur *trading*, de tout ce langage emprunté à l'entreprise, de cet univers artificiel si loin de l'âme qui doit selon moi se dégager d'un club de foot. Bien sûr, l'honnêteté me pousse à reconnaître que ce statut de club honni tient également aux désillusions qui se sont enchaînées dans les derbys durant seize ans. Une durée, certes artificiellement gonflée par nos trop longs passages en division 2 – six ans de purgatoire, la faute à des renaissances qui furent aussi longues à se dessiner que délicieuses à vivre –, mais néanmoins impensable eu égard à nos statuts et palmarès respectifs. Une anomalie de seize ans en somme.

Je me souviens pourtant de mon premier derby à Geoffroy, en D2, lors de cette saison 1984-1985 qui restera à jamais celle de la cristallisation de mon amour pour les Verts. Ce 28 septembre 1984, nous recevions donc Lyon, équipe sans prestige et sans palmarès, plongée comme nous en division 2, ce qui pour elle n'avait rien d'incongru à l'époque. Il y avait certes 26 000 personnes à GG, mais si j'ai le souvenir d'un match engagé, d'une ambiance plus chaude qu'à l'accoutumée et de l'expulsion de Roger Milla, je me rappelle bien que cela ne m'a pas procuré d'émotion particulière, comme si j'étais détaché de tout cela, ou tout du moins pas plus ému par ce match que par les réceptions du Puy, de Grenoble ou Thonon-les-Bains. Cette division 2 coupée en deux groupes avait, comme pour renforcer l'impression de déclassement, des allures de championnat régional. Championnat régional ou pas, les Verts avaient cette saison-là offert à mes treize ans à peine révolus sept mois de rêve entre septembre et avril.

Si le match aller et son piètre 0-0 ne m'avaient guère ému, je garde un souvenir nettement plus fort du retour cinq mois plus tard. Occupant mes week-ends à jouer au football sur les terrains goudronnés du stade Villeboeuf, escorté de mon éternel, et supérieur balle au pied, copain Soleillant et équipé de mon casque radio, j'appris le résultat sur un parking jouxtant la maison de la culture. Le triomphe 5-1 à Gerland reste pour l'éternité associé dans ma mémoire à la vue magnifique sur la ville et les crassiers jumeaux de Michon que m'offrait la colline du Jardin des Plantes.

Si la trace laissée par ce triomphe est belle et forte, ce n'est pas tant pour le plaisir d'avoir humilié le club ennemi, que je n'avais pas encore appris à détester, mais plutôt par la conjugaison de la victoire éclatante et de la magnifique série de matchs sans défaite que les Verts poursuivaient. Voir mon équipe danser sur les cendres encore chaudes de l'incendie qui avait dévasté le club quelques mois auparavant – avec le funeste enchaînement de la caisse noire, la saison très moyenne qui s'ensuivit, puis celle de la chute terrible – me transportait.

Que nous en profitions au passage pour piétiner Lyon n'était alors qu'un détail amusant, comme une cerise sur le gâteau du renouveau. J'avais déjà intégré l'idée de la rivalité régionale mais j'y restais relativement indifférent, notre voisin n'apparaissant alors clairement pas comme une menace.

C'est lors de mes deux années de vie étudiante à Lyon, à distance du cocon familial, que je vécus mes deux premiers derbys à Gerland, pour deux matchs nuls.

Au-delà du résultat, je fis surtout la découverte du derby en terre hostile. Aller voir un match ailleurs que dans le Chaudron constituait déjà en soi une première aventure. Avec en bandoulière une naïveté qui confinait à l'inconscience, j'avais sous-estimé l'hostilité de « l'ennemi ». J'avais eu le réflexe, comme en ont tous les supporters se déplaçant pour la première fois à l'extérieur, d'afficher ostensiblement mes couleurs. Habillé d'un sweat-shirt

Benetton vert et blanc qu'on eut dit conçu par un styliste amoureux de Sainté tant le vert était proche de celui de nos maillots, j'avais aussi apporté le drapeau que ma mère m'avait confectionné avec un drap blanc, sur lequel elle avait cousu des pièces rectangulaires vertes, ce qui constituait un damier vert et blanc du plus bel effet. Si son aspect artisanal me paraissait trop éloigné de la perfection industrielle de ceux vendus à la boutique des Verts, j'étais fier de sa grande taille.

Je regrette aujourd'hui de n'avoir pas mesuré sur le coup, à la fin des années 1980, ce qu'il a fallu d'amour maternel, pour délaisser à la fois cours de théologie et leçons de natation au profit de fastidieuses séances de couture pour façonner mon étendard. Les ados sont-ils par nature ingrats et condamnés à ne développer que trop tard la reconnaissance légitime pour tout ce que leurs parents ont fait pour eux ? Je te remercie, maman, même si tu n'imaginais probablement pas sur le coup le grand danger que tes heures passées sur ta machine à coudre allaient me faire courir.

Je ne crois pas l'avoir beaucoup apporté dans le Chaudron, ce drapeau, mais j'avais là l'occasion rêvée de le sortir pour affirmer fièrement mon identité verte. Nous jouions le derby à Lyon, et il s'agissait de porter haut nos couleurs pour démontrer la supériorité du public stéphanois.

Me voilà donc, escorté d'un de mes frères sans doute aussi inconscient que moi, avec mon drapeau flottant au vent de Gerland. Gerland où je n'avais jamais mis les pieds. Gerland où l'accès au virage Sud, qui accueillait à l'époque les supporters adverses, n'était pas particulièrement bien indiqué, au point qu'il m'a fallu, fier, stoïque quoique stressé, faire le tour du stade, sous le poids des regards mauvais et des insultes avant d'y pénétrer enfin. Je découvrais cette enceinte de l'intérieur, expérience unique pour tout supporter qui perçoit immédiatement l'âme si particulière de ce type de lieu, et prend instantanément la mesure de la grandeur du club résident. En l'occurrence, Gerland offrait sa configuration très évasée, très ouverte avec ses virages éloignés du terrain et non couverts. L'éloignement caractérisait ce stade à l'opposé de la chaleur qui se dégageait de mon Chaudron, ce qui ne manquait pas, bien entendu, de me rassurer sur la supériorité structurelle de mon club.

De ces deux derbys joués l'après-midi et conclus par deux nuls me sont restées deux impressions : un sentiment de griserie et aussi de sécurité liée à l'imposante mobilisation des supporters verts qui avaient colonisé la moitié du virage Sud pour l'occasion, et à l'opposé une peur liée à la perception précise, physique, de l'animosité entre les joueurs et de celle des supporters des deux camps.

Cette perception née lors de mon arrivée aux abords du stade, puis renforcée par les chants en tribune, fut décuplée lorsque, après le coup de sifflet final, me dirigeant lentement vers le goulot d'étranglement que formait la trop étroite porte pour quitter le virage Sud, je fus pris pour cible par les supporters lyonnais, guettant de dehors notre sortie. Je sentis une canette de bière me frôler la tête.

La boucle était ainsi bouclée. Tandis que je descendais les marches de Gerland, Lyon montait à jamais sur la plus haute marche du podium des clubs exécrés.

Schadenfreude

Il ne faut pas souhaiter la mort des gens
Ça les fait vivre plus longtemps[1]

_Dominique A

D'Aristote à Freud, le concept a été repris, développé, enrichi. Il décrit cette joie mauvaise ressentie au spectacle du malheur d'autrui : la *Schadenfreude*. Il est aussi difficile à prononcer pour qui n'a pas étudié l'allemand qu'il est simple à comprendre, tant ce sentiment est universel.

Combien de fois mon week-end bien mal emmanché après une contre-performance des Verts le samedi fut sauvé de la déprime absolue du dimanche soir par une défaite lyonnaise ?

Cette jouissance maligne à voir autrui se vautrer est très répandue chez les supporters et très... ciblée. Autrui, en l'espèce, ne peut pas être n'importe qui. Une défaite toulousaine ou rennaise me laissera de glace. Non, pour bien vibrer, il faut qu'autrui soit un rival, idéalement, notre pire ennemi.

1. « Il ne faut pas souhaiter la mort des gens », *La Mémoire neuve*, 1995.

Je souhaite sans ambiguïté et quelle que soit la compétition systématiquement la défaite de Lyon, avec la conscience totale et décomplexée de ce que ce sentiment ne me grandit pas et avec la définitive incapacité à le gommer. À défaut d'être particulièrement fier de ce sentiment, moi dont l'éducation jésuite conduit très fréquemment à verser dans la culpabilité, je commence à me rassurer en constatant qu'il est très largement partagé par l'immense majorité du peuple vert, même si Bernard Pivot, l'un des plus illustres de ses membres, révéla un jour qu'il lui était étranger. Savoir que les Lyonnais ressentent la même chose à notre égard achève de m'apaiser. Comme le résuma si bien Maurice Pialat en 1987 à Cannes, ce soir de Palme d'or houleuse pour son film *Sous le soleil de Satan* : *Si vous ne m'aimez pas, je peux vous dire que je ne vous aime pas non plus.* Que les ennemis se vouent une haine tenace d'égal niveau sous le soleil de Gerland ou de Geoffroy relève d'ailleurs d'un équilibre relativement sain.

Oui, la *Schadenfreude* est très répandue, et conduit aussi les Lillois à rire du très long séjour au purgatoire des Lensois, les Nancéens à apprécier le va-et-vient incessant des Messins entre Ligue 1 et Ligue 2 ou les Marseillais à considérer les échecs européens du PSG comme le sommet de leur saison.

À Geoffroy, à une époque où la programmation fixe des matchs – de tous les matchs – et l'absence d'Internet en offraient l'opportunité, cette *Schadenfreude* se manifestait par la clameur immense à la mi-temps ou en fin de match lorsque le speaker annonçait la contre-performance de nos voisins. La hiérarchie des détestations étant bien établie et parfaitement partagée, une défaite marseillaise était également bruyamment saluée. Enfin, les malheurs du Paris SG faisaient, à un degré moindre et pour des raisons d'anti-parisianisme très répandu – Parisiens têtes de chiens, Parigots têtes de veaux –, leur petit effet.

Au-delà des réactions à chaud, le plaisir de moquer l'ennemi se décline en léger différé, par exemple par des banderoles bien senties célébrant le club européen ou l'un de ses joueurs ayant bouté Lyon hors de la Coupe d'Europe, comme ce *Merci Olic* célébrant le buteur du Bayern, bourreau des Vilains en 2010.

En la matière, le summum de créativité reste néanmoins à mes yeux l'autocollant *Fan Club Vata* échangé dans les gradins Nord de Geoffroy ce soir d'ouverture du championnat contre Toulon en 1990, subtil détournement du logo de Touche pas à mon pote pour célébrer la main du buteur du Benfica Lisbonne ayant barré la route de la finale européenne à Marseille deux mois plus tôt.

Le malheur de l'autre, c'est un plaisir sur l'instant, un chambrage en léger différé, et une délectation qui dure longtemps après ! Ces moments de *Schadenfreude* s'immiscent dans la mémoire collective verte. Les illustres défaites de nos voisins d'outre-A47 relèvent en effet de la même catégorie que nos mémorables victoires : ce sont des instants précieux, captés et figés dans le moindre détail par nos cerveaux ; chaque supporter vert se souvient ainsi parfaitement de l'endroit où il était et de l'intensité de son cri de victoire lorsque le Milanais Pippo Inzaghi, archétype du renard des surfaces, crucifia les Lyonnais ce soir d'avril 2006 en quart de finale de la Coupe d'Europe. La réaction de mes amis, échantillon personnel très probablement représentatif, en atteste : Fred finit à genoux dans son appartement de Boulogne, Frank réveilla tout Montchat, paisible quartier lyonnais au demeurant, et Nadine, sur sa Côte d'Azur, comprit à quel point mon ami Thierry, accessoirement son mec, était frappadingue. La précision du souvenir est proportionnelle au plaisir ressenti dans l'instant. Sa mémoire en est parfaitement entretenue, tant elle agrémente régulièrement, au même titre que nos faits de gloire, les soirées partagées entre supporters verts.

Dans une réincarnation de la fameuse propriété arithmétique qui veut que moins par moins égale plus, le résultat négatif d'un club qu'on déteste produit systématiquement beaucoup de plaisir. Une preuve bien utile pour tous les parents manquant d'arguments face à leurs rejetons allergiques aux mathématiques que cette matière a souvent une application concrète dans la vie quotidienne !

Transmission

Ça n'est pas ta faute c'est ton héritage
Et ce sera pire encore quand tu auras mon âge[1]

_Benjamin Biolay

Octobre 2011. Le virus est inoculé. Martin a neuf ans. Sous contrôle parental, il a été exposé à tout. Même au pire. En particulier au supplice qu'on endure certains soirs de terribles défaites.

Un an plus tôt, ce soir de septembre 2010, je lui avais épargné... le meilleur. Le centième derby, victorieux en terre ennemie. Délicieux. Jouissif. Totalement. Éternellement. Iconique. Ayant récupéré deux places, j'avais hésité avant de décider d'en faire profiter un ami plutôt que d'exposer mon fils à une déprime sinon certaine, au moins fortement probable. Notre dernier triomphe *en banlieue* remontait au siècle dernier, tout se liguait depuis des années contre nous, les petits détails qui font basculer les matchs serrés nous étaient systématiquement contraires, sans parler des derbys où le vilain combo

1. « Ton héritage », *La Superbe*, 2009.

arbitrage-niveau de l'adversaire ne nous avait rien laissé espérer.

Mais même abonné aux désillusions, le supporter a une vertu folle : la ténacité. Il en redemande, alors il y retourne, il y revient inlassablement, telle la mouche sur son carreau. Comment l'expliquer, sinon par le fait que l'espoir est consubstantiel au supporter, et qu'en 2010, même seize ans après sa dernière virée victorieuse, le Stéph, bercé peut-être par la perspective folle de ne pas passer à côté de la chance aussi infime soit-elle de voir l'exploit, prend son ticket de métro, s'engouffre sous terre, observe silencieux dans la rame les conversations ennemies et ressort, entre les deux lions à l'entrée de Gerland, en terre hostile, si hostile.

Aidé par l'absence d'une troisième place, mon choix d'écarter Martin de cette virée au bout de l'effroi avait été rendu d'autant plus simple que j'étais convaincu de lui épargner ainsi une souffrance terrible. Comme quoi...

Octobre 2011. Un an plus tard. Ce soir-là, pour la première fois sans doute, je prends conscience d'avoir entraîné Martin dans ma folie. Je ne maîtrise plus ce que j'ai engendré. Je l'ai amené suffisamment loin dans cette passion, pour que le retour en arrière soit impossible. Exposé trop longtemps aux radiations de la passion verte, il est contaminé à jamais. Je pourrais m'en féliciter, me satisfaire de cette transmission accomplie. C'est d'ailleurs un peu le cas si je suis honnête. Mais je m'en fais également le reproche. J'aurais pu, dû peut-être, le protéger de tout cela. Car si ses joies et ses déprimes ne seront pas forcément plus vives que les miennes, je ne l'imagine guère outillé à son âge pour retrouver la raison, garder un certain recul, avoir simplement conscience qu'aussi terribles et intenses soient-elles les douleurs qu'on endure... ne durent.

Les Verts arrivent à Gerland et je préfère, comme dans un réflexe de protection, penser que ça va mal se passer. Martin, du haut de ses neuf ans, marqué seulement par le plaisir du centième derby, même vécu devant l'écran, pense naïvement que ce qu'il a vécu un an auparavant peut et va se reproduire. Les élans spontanés, les espoirs totalement assumés, c'est le propre de l'enfance. Je tempère son excitation, cherche – exercice compliqué et vain – à le préparer au pire ou tout au moins à l'éventualité d'une désillusion. Mais l'enfance ignore la mesure et la pondération. Alors, son coup de pied dans le siège situé devant lui, à la 91e minute, au moment du break lyonnais, je le prends en plein cœur. Sa douleur redouble l'intensité de la mienne. Le mal est fait, tu as chopé le virus. Tu n'en as pas conscience, mais je suis responsable de tout cela. C'est moi qui t'y ai entraîné. Moi qui t'ai condamné à vivre cette passion sans modération. Même si tu ne m'en voudras sans doute jamais, je te demande pardon.

Cette passion transmise se déploie au fil des années dans un mimétisme saisissant. Je le constate avec fascination, impuissance également, considérant, je vous le jure, monsieur le juge, que, si j'en suis responsable, je l'ai transmise sans intention de la donner.

Non, je ne t'ai jamais suggéré d'envisager avec ennui un week-end sans match des Verts.

Non, je ne t'ai jamais dit qu'il fallait aimer les jours de match, parce que la vie y semble plus trépidante.

Non, je ne t'ai jamais expliqué qu'il fallait se gonfler d'orgueil en découvrant la une verte des journaux.

Non, à l'inverse, je ne t'ai pas enseigné de t'agacer d'un résumé trop court à la télé ou de commentaires pas assez laudateurs sur une de nos victoires.

Je ne crois pas non plus t'avoir dit qu'au premier regard dans le Chaudron tu devais jauger l'affluence et immédiatement par un triste *Y a personne ce soir !* témoigner de l'importance de cette information pour toi et du mythe écorné que cela représentait.

Je ne sais pas si je t'ai donné l'envie d'être en tribune au moins vingt minutes avant le coup d'envoi pour sentir la tension monter et pouvoir savourer ces moments de bonheur infini que sont les instants qui précèdent le plaisir.

Je n'ai pas donné de consigne, pas expliqué le mode d'emploi ni décrit par le menu ce qu'un supporter devait ressentir, comment et jusqu'à quel point il devait être transporté ou écœuré. T'ai-je dit et répété, *Tu vas voir, c'est formidable, il faut aimer les Verts* ? Non.

Il y a mon comportement, l'implicite, mon humeur par exemple lorsque les bouchons de cette maudite A47 mettent en péril la ponctualité de mes retrouvailles avec GG.

Il y a, c'est vrai, mes colères en tribune face au triste spectacle des quelques décérébrés qui sifflent leur équipe. Et je me réjouis aujourd'hui de te voir, toi aussi, spontanément, t'en agacer.

Si je t'ai transmis le caractère inconditionnel de l'amour qu'un supporter doit vouer à son équipe, alors, tout en ayant conscience de la lourdeur de ce fardeau, au fond, j'en suis assez fier.

Et tant pis pour ton 4,5/20 en physique, on ne peut pas tout avoir…

Initiation

J'ai rencontré Lavilliers, un soir à Geoffroy-Guichard
Dans l'enfer vert immaculé, j'lui ai raconté mon histoire[1]

_Renaud

Novembre 1997. L'hiver comme souvent a mis une claque à l'automne à Sainté. De peur d'être en retard peut-être, il s'est pointé en avance. Il fait froid à Geoffroy. Les Verts sont au diapason, qui traversent péniblement leur deuxième saison consécutive en division 2.

Le Chaudron est vide, 7 144 spectateurs, pas un de plus. Et nous. Nous sommes mordus. Mordus par le froid et un peu barrés, Fred et moi, pour amener deux jeunes filles qui n'entendent rien au foot, et ne présentent pas le profil idéal, si tant est qu'il en existe un, de la future supportrice. Elles ont fait de belles études, vivent à Paris une existence privilégiée de jeunes cadres dynamiques. Elles sont avenantes, ont des projets, des passions, l'esprit ouvert pour un tas d'autres choses que ce plouquissime ballon rond. Elles n'ont pas vraiment besoin de fréquenter un stade

1. « Ma chanson leur a pas plu... », *Morgane de toi*, 1983.

pour rencontrer des hommes. Elles ont vingt-cinq ans, et la France ne reprend pas encore du Gloria Gaynor à tue-tête. La France de 1997 reste un pays qui n'a que mépris pour le sport en général, et le foot en particulier. Zizou n'est pas encore le héros de tout un peuple. L'accent d'Aimé Jacquet n'a aucun charme aux yeux du grand public. Alors, le combo Sainté l'hiver-match de foot de deuxième niveau dans un stade glacial et vide, c'est une idée de sortie pour le moins kamikaze.

Et puis les Verts sont 17ᵉ ce 14 novembre. Ils reçoivent Sochaux, 3ᵉ. Ils côtoient dans les bas-fonds du classement des grands noms du foot français comme Wasquehal ou Louhans-Cuiseaux… Grandeur et décadence. Grande décadence pour le coup, qui se confirmera tout au long de cette saison bouclée en mai à cette même 17ᵉ place.

Et pourtant, comme j'en ai fait l'expérience à plusieurs reprises, la magie opère. Est-ce l'âme des lieux ? Est-ce la qualité des guides – cédons juste un peu à la tentation de l'autocélébration – d'un soir ? Est-ce la ferveur du kop, le match vécu debout au milieu des chants des derniers partisans ? Ami, entends-tu les cris sourds des supporters qui se déchaînent ? On pourrait prolonger le parallèle, le 42ᵉ, forcément, en soulignant que si un supporter tombe, un autre sort de l'ombre à sa place, et qu'il le faut bien pour que ce club continue à générer une telle ferveur, lui qui n'a à l'époque rien gagné depuis seize ans et semble voué à couler. Il faut que de nouvelles têtes se pointent dans le Chaudron, qu'elles y vibrent, et qu'elles racontent à d'autres dès le lendemain au boulot ou en soirée le plaisir unique qu'elles y ont savouré.

Ce soir-là, le plaisir porte un nom : Augustine Simo. Ce nom m'est encore familier alors qu'il est probable que 98 % des supporters de l'ASSE l'ont oublié. Milieu de terrain camerounais à la carrière anonyme, n'ayant passé qu'une année – bien quelconque – à Sainté. Joueur à l'allure pataude, tête rentrée dans les épaules, débarqué de Suisse, il n'a rien montré, ou si peu, cette saison. Mais ce soir-là il participa à la révolte, il inversa avec l'aide de Didier Thimothée le cours d'un match pourtant si mal engagé. Il nous rendit un peu de fierté, nous prouva que le cœur de ce club battait encore. Il marqua son deuxième et dernier but en Vert, et pour cette fatalité de l'échec si joliment contredite, pour la rage, pour l'ego un instant regonflé, ce but m'a rendu Simo mémorable.

C'est la grâce, le charme de la relation qu'un supporter noue avec son équipe. Tout se joue au carrefour de sentiments forts qui vont l'amener à fixer dans sa mémoire et pour longtemps un détail, une action, un joueur, une clameur de la foule. Ce détail, insignifiant pour l'immense majorité qui s'en souvient aussi peu que du résultat d'un match amical contre Andrézieux, pour ce supporter-là, à ce moment précis, parce qu'il l'a vécu dans le stade, parce qu'il avait convié des novices, parce qu'elles avaient été conquises, parce que tout était réuni pour que ça se passe mal et que tout se passa si bien, oui, ce soir fut marqué pour lui, et presque pour lui seul, d'une pierre blanche.

Avec ce plaisir si particulier de l'initiation. Ce goût du *On ne vous avait pas menti, hein ?* Cet instant bref et intense où l'on constate que la béotienne qu'on a traînée à Geoffroy-Guichard nous a emprunté notre écharpe verte et la fait tourner au-dessus de sa tête sans aucun second degré, seulement entraînée par la foule, mue par le plaisir de goûter à l'ivresse collective, ne résistant pas au bonheur d'encourager à s'en péter les cordes vocales, de bouger, sauter, prendre son voisin inconnu par les épaules et chanter, vibrer, à l'unisson du kop. La greffe prend. Et c'est une joie immense pour celui qui se croit, qui se sait fou, qui tout au long de l'année bassine son entourage avec les Verts, et qui enfin fait toucher du doigt à ses proches les raisons de cette passion.

Maintenant vous savez, maintenant vous comprenez un peu, beaucoup, passionnément, à la folie. Maintenant toi, ma future femme que j'ai traînée ici, qui m'a suivi par amour ou par curiosité, par hasard ou par inconscience, tu comprendras tout de mes emballements, de mes déprimes, de mes colères, des montagnes russes que m'a fait et me fera encore et toujours traverser ce club. *Nous sommes les Verts et Blancs*, et toi aussi désormais, tu le comprends, tu le ressens, et tu n'omettras pas de le chanter un soir à Laval, jusqu'au bout de l'insulte – qu'on qualifiera rapidement et trop facilement d'homophobe vingt ans plus tard –, ce chant de supporter vert.

Voilà. Le miracle, parfois, se produit. Malgré tous ces vents contraires, par la conjonction d'une fidélité folle, d'une passion unique et de quelques étincelles sur le terrain, ces 7 000 et des poussières auraient récité, s'ils les connaissaient, quelques vers de Paul Éluard. Ça parlerait de nuit qui n'est jamais complète, d'une fenêtre ouverte au bout du chagrin, d'une vie à se partager.

Madame rage

Allez au diable, je m'appelle Samuel Hall
Je vous déteste tous[1]

_Alain Bashung

C'est un vendredi soir de mars 1995, époque foot à papa, avant la France footixée de l'été 1998. Le foot d'alors appartient aux footeux, rien qu'à eux, et il porte tous les attributs de la beaufitude.

C'est une passion honteuse, *a fortiori* si, comme moi, on baigne dans un milieu social plutôt aisé et qu'on achève à peine des études supérieures. Car le foot est un sport populaire, au sens où il anime le peuple avant tout. Pour son aura décuplée, ses vertus magiques d'union nationale, il faudra patienter encore trois ans. Son essence populaire lui vaut probablement ce mépris de classe même si se greffe sans doute là-dessus également l'absence plus globale de respect pour la chose sportive en France. À cette époque, et probablement aujourd'hui encore, c'est une addiction qu'on tait si on veut dans un premier contact

1. « Samuel Hall », *Fantaisie militaire*, 1998.

ne pas immédiatement perdre l'estime de son interlocuteur. J'ai grandi dans cette idée, bien qu'ayant baigné dans LA ville de foot par excellence, et je ne m'en suis jamais départi. Comme une erreur coupable, un trou inavouable dans un parcours professionnel, il faut cacher la chose sur son CV. Telle une terrible blessure intime, il ne faut surtout pas en faire état lors d'une première rencontre potentiellement amoureuse. *Vade retro SatanASSE.* Ou alors si, comme moi, on ne parvient qu'un temps à masquer cette dépendance comme une maladie honteuse, on tentera par quelques subterfuges de l'anoblir un peu. Je remercie au passage Bernard Pivot ou encore Albert Camus pour m'avoir longtemps servi de cautions intellectuelles. Que rétorquer à quelqu'un qui rappelle que le peu de morale que Camus savait, il le devait au football ? Logiquement, à défaut d'être totalement convaincu, retourné et radicalement changer sa vision du ballon rond, votre interlocuteur sera pour un temps désarçonné.

Un temps suffisant, en dépit de ce handicap certain, pour parvenir non sans peine, durant mes études, à faire la conquête d'une Nîmoise fière de sa ville et de ses traditions en *a* – feria, corrida – mais ignorant tout du Nîmes Olympique, de ses – courtes – heures glorieuses, de Kader Firoud et du stade Jean-Bouin, mais aussi du rôle décisif qu'il joua dans notre échec de Glasgow et qui lui vaut, depuis, chez les supporters Verts de plus de quarante ans une éternelle rancœur, qu'on résumera par le définitif et guère flatteur *Quelle équipe de bouchers !* En résumé, au rayon boucherie elle préférait les taureaux découpés au son des *peñas* aux crocodiles découpant au son des ultras.

Chacun jugera en son âme et conscience de la santé d'une société qui érige au rang d'art la mise à mort chorégraphiée d'un animal à cornes et voue en même temps un mépris éternel à un sport collectif. Du pain et des jeux dit l'expression. Si corrida et football relèvent pareillement de la deuxième catégorie, il me semble, malgré le Heysel et Sheffield, que la barbarie est nettement plus l'apanage de l'une que de l'autre. Mais qu'importe, quand il s'agit de conclure, je me déleste sans trop de scrupules de ce type de considérations.

Je suis donc en couple, jeune actif encore à respectable distance de la trentaine, menant une vie qu'on pourrait qualifier de bobo parisien, si l'expression avait déjà été inventée à l'époque et si j'avais préféré un appart haussmannien d'un quartier populaire plutôt qu'un appart moderne au sommet d'une tour à Nation pour vivre ma première expérience de cohabitation quotidienne avec l'être aimée. Ce vendredi, habités par cette douce euphorie que procure le confort matériel de nos premiers salaires de jeunes diplômés, nous sortons. Enfin, plus exactement, nous nous apprêtons à sortir. Le week-end s'ouvre à nous, avec ses promesses de plaisir sans contrainte propres aux couples sans enfants, il faut fêter cela dignement. Le moral a toutes les raisons d'être au beau fixe, l'humeur légère, et le couple en harmonie sur cette ligne. La bonne humeur est à la fois légitime et presque obligatoire. Rien ne doit gâcher cet instant de légèreté. La nuit parisienne nous attend et, en guise d'apéritif avant de quitter le foyer, je suis vissé à la radio, à l'écoute d'un Saint-Étienne-Auxerre, qui sent bon la tension de ces fins de saison où on tutoie la zone rouge. L'Auxerre de Guy Roux est dans ses années fastes, un abonné fidèle au haut de tableau. Les Verts quant à eux se remettent mal de l'éphémère retour en fanfare de Casino à leur tête. Plombé par les folies financières de la saison précédente, notre effectif est très rajeuni.

Auxerre. Un club qui, sans raison particulière, est très souvent au rendez-vous de nos pires désillusions. Sans raison particulière, sauf à déceler dans l'encyclopédie autoproclamée libre d'Internet l'origine de cette persécution footballistique : la cathédrale Saint-Étienne située à Auxerre est dédiée à saint Étienne, premier martyr auxerrois. L'abbé Deschamps perpétuerait-il donc une ancestrale tradition ?

Bref, dans cette triste saison où ils sont englués à une inquiétante 14e place, les Verts sortent pourtant, si j'en crois l'envoyé spécial à GG, un match réellement accompli. Lubomir Moravčik, Lubo pour les intimes (c'est-à-dire tout le peuple vert séduit par le talent du meneur slovaque), l'éternel guide, a ouvert la marque et Sainté domine Auxerre de la tête et des épaules. Mais sans parvenir à faire le break, comme on dit chez Peugeot lorsque la chaîne des 405 tombe en panne. Le match avance, l'heure aussi, et il est temps pour le jeune couple de cadres dynamiques d'aller conquérir Paname. La 90e minute est passée. J'éteins la radio au seuil des arrêts de jeu, pris d'une angoisse soudaine, le ventre noué par la crainte de la malédiction éternelle. Nous quittons l'appartement, direction l'ascenseur qui nous conduira lentement – nous habitons au douzième et dernier étage – et directement au sous-sol où la 205 et ses sièges sémillants en jean nous attendent. Fébrile comme jamais, ou plutôt comme toujours en pareille circonstance, j'ai le temps de glisser à Madame, ou plutôt Mademoiselle, car nos chemins ne tarderont pas à se séparer – enfin surtout le sien –, un prophétique *Tu vas voir qu'on va allumer la radio dans la voiture pour apprendre qu'Auxerre a égalisé*. Nostradamus et coutume verte font bon ménage. Le coup de poignard dans le dos est planté par ce con de Cocard. Le journaliste en fait des tonnes sur le caractère surprenant, imprévisible et sportivement injuste de l'égalisation. J'enrage en l'écoutant, mes poings se défoulent sur le volant, cherchant en vain à extraire cette douleur aussi vive que durable. J'en sais l'intensité, j'en connais la durée. Il faut bien vingt-quatre heures pour qu'elle s'atténue sous le double effet d'un certain fatalisme et de la perspective du prochain match qui peu à peu occupera la plus grande place dans mon esprit.

Mais Mademoiselle m'engueule, ne supporte pas ma colère, ma tristesse insondable qui manifestement rompent le contrat qui supposait, qui imposait même, la bonne humeur en ce vendredi soir. C'est la double peine. Déjà piétiné par un Bourguignon indélicat, mon moral est achevé par ma supposée douce et tendre qui, sans une once de psychologie, sans la moindre compassion, par ses reproches insistants et inappropriés, achève d'un dernier coup de latte le supporter déjà à terre.

Mais bon sang, quelle loi nous contraindrait à masquer nos émois ? Si nos femmes ne nous félicitent pas pour les joies que les Verts nous procurent, de quel droit asymétrique s'autorisent-elles à nous pourrir la vie pour nos peines ? À défaut de chercher à nous consoler, serait-ce trop exiger que de vous demander seulement le silence et l'indifférence ? Face à quel autre malheur de l'existence se permet-on d'engueuler celui qui souffre ? *T'as perdu ton père, oh, ça va, arrête de faire la tronche, tu nous plombes l'ambiance !*

Je reste ce soir-là avec ma tristesse doublée d'incompréhension saupoudrée d'un peu de rancœur. Tenace.

Madame rage II

Je peux lui en faire voir
De la sérénité
Et même lui laisser un certain goût de fer
Et ce bouquet de nerfs[1]

_Noir Désir

« Connards ! » L'insulte a fusé. Elle ne l'a pas lâchée entre ses dents, elle l'a décochée comme un uppercut, jetée comme un cocktail Molotov.

Et démerdez-vous les garçons pour le SAV ! Ça, elle ne l'a pas dit. Mais elle a dû le penser très fort en filant *illico* se réfugier dans la voiture. Elle était en colère, Madame. Très. Et je ne sais vingt ans plus tard y repenser que le sourire aux lèvres et la fierté au cœur.

Nous étions en avril 2001, Les Verts venaient de perdre une partie imperdable, 5-3 à Monaco. Nous savions parfaitement, à quatre journées de la fin du championnat, que chaque match était un peu celui de la dernière chance. Dans ces instants où la souffrance est notre fidèle compagne depuis de longs mois, quand notre club, depuis trop

1. « Bouquet de nerfs », *Des visages, des figures*, 2001.

longtemps empêtré dans la zone rouge, aligne les contre-performances, arrive un moment à quelques encablures de la fin où on se répète à l'issue de chaque défaite *Cette fois-ci, c'est mort.*

C'est comme ça. Sans doute ne s'autorise-t-on plus à y croire, tant on ressent intimement que c'est l'espoir de s'en sortir qui rend la défaite plus terrible encore. Et cette saison plus encore que n'importe quelle autre, cette sale saison des faux passeports, où le sentiment d'injustice s'ajoutait à l'humiliation, oser espérer nous emmenait au-delà du courage, aux confins du masochisme. Au bout de ce championnat passé successivement à rêver en fin d'été, à s'agacer tout l'automne, à s'inquiéter au cœur de l'hiver et à déprimer à l'arrivée du printemps, ce déplacement à Monaco, clairement, c'était comme une dernière cartouche avant d'abdiquer.

Monaco, l'anti-Sainté en résumé. Il n'est pas saisissant le contraste, il est caricatural. Pas de murs d'usine à longer pour arriver au stade, mais une descente en lacets sur une route bordée de palmiers avec vue sur la grande bleue. Pas de voitures garées anarchiquement sur les trottoirs, mais un parking à plusieurs étages sous le stade. Pas d'escaliers en béton à escalader pour accéder à sa place mais de somptueux ascenseurs avec marbre au sol.

Il n'est pas grand, l'écart social, il est immense. Et encore renforcé au moment de pénétrer dans notre loge privée pour laquelle j'avais pu sans peine dégoter trois invitations offertes par mon employeur, éphémère porte-étendard de la nouvelle économie et accessoirement sponsor du club princier.

Quitter la grisaille parisienne au mois de mai pour s'offrir un week-end sur la côte avec Madame et mon éternel ami Fred, la perspective était au-delà de l'alléchant. Ces trois invitations et tout ce qui allait avec, c'était la promesse de s'offrir une tranche de grande vie : avion, location de voiture et d'hôtel, nous avions organisé tout cela depuis quinze jours avec minutie et gourmandise.

Mes trois ans d'études à Nice m'avaient rendu Monaco et son luxe insolent relativement familiers, à défaut de me les rendre sympathiques. Je connaissais déjà la ville, et j'avais déjà assisté à un ou deux matchs à Louis-II. Malgré cela, la gêne me saisit dès notre arrivée dans le salon des loges, maillot de Sainté sur les épaules et écharpe verte au cou. Le malaise, mélange de sentiment d'imposture et de culpabilité, ressemblait en tout point à celui ressenti quelques années auparavant, lors de mon entrée dans le magnifique et intimidant siège d'une grande boîte de pub parisienne pour un entretien de recrutement qui tourna au fiasco.

Notre loge constituée d'un salon privatif avec canapés confortables, table basse et télévision s'ouvrait sur un balcon situé juste au-dessus de celle du prince, nous offrant une vue plongeante sur sa calvitie et ses gardes du corps. Tout autour de nous suintait le fric et les bonnes manières, si loin des ambiances populaires qui font l'âme et le charme des stades de foot. Ignorant tout de ce type de lieu, nous avions traversé le salon lestés d'un même embarras que le regard sur nous des vigiles et des serveuses ne faisait que renforcer. Notre crime était probablement double à leurs yeux : être accoutrés comme de vulgaires supporters là où la discrétion est un laissez-passer, et ostensiblement afficher notre soutien à l'adversaire. Conscients de notre provocation, nous étions aussi à l'aise que trois invités arrivant déguisés à une fête... qui ne l'était pas.

Malgré tout, nous étions dans notre droit. C'est donc escortés d'une fausse assurance et bien décidés à profiter des lieux que nous filâmes vers le bar pour passer commande. La serveuse, ne nous laissant même pas finir notre phrase, nous lança d'un ton peu amène un *C'est nous qui venons vous servir* qui acheva de nous convaincre que nous étions définitivement des bouseux indignes de l'endroit.

L'ambiance dans le stade était à l'avenant. Comme une déclinaison de celle des loges : feutrée, distante, sans hostilité, sans chaleur non plus. Pour de l'hostilité, il faut être deux, et seuls les supporters stéphanois qui avaient colonisé tout un virage du stade ambiançaient l'atmosphère à coups de *Et ils sont là les Stéphanois !* et de *On est chez nous !* L'avant-match était vert. Le début du match également. Nous étions fiers de nos supporters, fiers de notre équipe intenable, virevoltante, qui longtemps mena et malmena Monaco. Jusqu'à cette terrible défaillance... Comme un cycliste échappé à quelques bornes de l'Alpe d'Huez qui chope une fringale d'enfer, nous nous écroulâmes dans la dernière demi-heure après avoir mené 3-1. Tout ressortit alors : la frustration d'abord d'avoir touché du doigt l'exploit et de l'avoir laissé filer, l'aigreur accumulée depuis de longs mois à subir les sanctions des diverses commissions chargées de nous faire payer les faux passeports, et l'abattement de prendre conscience que l'issue de tout cela, le retour en division 2, était inéluctable.

Il était loin le champagne, ils étaient loin les petits fours, elle s'était bien dissipée l'ivresse. Sitôt le match terminé, une seule issue : quitter le stade et fuir vite le lieu du crime avec l'illusion que cela pourrait nous aider à éloigner un peu la déprime.

Remontant la rue pour retrouver notre voiture, dans ces instants d'après défaite qui sont les pires pour un supporter, ceux où l'on ressent le plus la cruauté de ces verdicts sans appel, nous partagions notre détresse à coups de *Putain, c'est pas possible !* Il y a des moments où le lyrisme n'est pas une option.

Madame n'était pas en reste. Même si, contrairement à Fred ou moi, elle n'était pas verte de naissance, même si elle n'avait aucune attirance pour le foot, ni d'intérêt pour ce club quelques années plus tôt, elle avait, et c'est admirable, décidé d'épouser sa passion autant que l'homme.

Elle aussi était affligée au plus haut point par ce scénario de match d'une part, par ses conséquences d'autre part, par la détresse de son homme probablement aussi. Alors, le chambrage d'après match des supporters monégasques, même anodin, même prévisible, même dénué d'agressivité, il n'était pas malvenu, non, il était totalement indécent, absolument déplacé, définitivement insupportable.

Son *Connards !*, en y repensant, fut la plus belle des déclarations d'amour. En le prononçant au moment où les Verts avaient touché le fond, elle avait gravi d'un coup les sommets de l'empathie. Deux mois plus tard, je l'épousais.

Inconditionnel et immodéré

On peut bien rire de moi
Je ferais n'importe quoi[1]

_Édith Piaf

Maman va mourir. Dans quelques jours. Je le sais et n'ai donc aucune excuse.

Pourtant ce dimanche 20 janvier 2019, je vis ce derby à fond, comme n'importe quel derby. Dans un état second, comme je le suis deux fois par an, pour le match aller et le match retour. Assis dans ma tribune, dans un angle de Geoffroy-Guichard, une demi-heure avant le coup d'envoi je suis déjà sévèrement attaqué par le stress.

Il ne m'a pas encore totalement envahi, façon Attila. C'est une question de minutes. Comme ces résidus de congères ou restes de bonshommes de neige, qui ce soir-là résistent encore aux abords du stade malgré le franc soleil des récents jours de redoux, ma mélancolie du moment résiste encore un peu à l'excitation du match.

1. « L'hymne à l'amour », 1950.

Je pense à ma mère et m'interroge. Est-ce normal ? Je me sens coupable de m'abandonner si profondément à cette passion si dérisoire, alors qu'une page si importante de ma vie se tourne. Celle qui m'a donné la vie est au seuil de la mort. Et pourtant, je vais pendant quatre-vingt-quinze minutes, au gré de l'évolution du score, exploser de joie, puis, gagné par la peur à l'idée de tout perdre, serrer longuement les fesses pour *in fine* souffrir atrocement du coup de poignard planté dans les dernières secondes par l'attaquant ennemi.

Tout cela sans plus repenser à ma mère, sans jamais que mes sentiments, mes réactions face au match n'aient été atténués ou parasités par cette douleur diffuse qui pourtant m'a envahi et m'habite déjà depuis quelques semaines à l'idée de la voir mourir prochainement.

Suis-je un monstre ?

Je n'ai en tout cas pas l'excuse de l'inconscience. Je suis lucide sur sa déchéance. Elle s'est accélérée. Et si j'ai d'abord pensé qu'elle aurait du mal à atteindre la fin d'année, puis me suis résigné à ce qu'elle ne tienne que quelques mois, je sais désormais qu'elle n'en a plus que pour quelques semaines. À chaque visite que je lui rends, je révise mon pronostic et j'ai depuis quelques jours la certitude que la fin est toute proche. Je vais la voir, un soir sur deux, le week-end aussi. Assis chez elle, à tenter de plus en plus vainement d'établir un dialogue. J'ai d'abord lu dans ses yeux la colère, la révolte de se savoir à ce point diminuée physiquement et intellectuellement. Puis la lassitude s'est installée, et enfin la résignation. Elle a abandonné le combat sous mes yeux. Comme si elle était convaincue que, quitte à le perdre, il fallait que ce fût rapide. J'ai voulu y voir une ultime élégance de sa part, la volonté de ne pas nous infliger trop longtemps à nous, ses enfants, cette pénible épreuve.

Je suis donc réduit au rôle de spectateur désemparé de sa détresse, tentant en vain de lui masquer la mienne, détournant la tête quand mes yeux s'embuent, respirant un grand coup quand ma voix s'étrangle, car je sens que mes réactions, lui confirmant sa déchéance, ne feraient que l'enfoncer plus. N'empêche qu'au milieu de cette désolation qui m'habite depuis quatre mois, j'ai vécu passionnément et intensément ce derby, et c'est comme si ma folle passion était protégée des autres malheurs de mon existence par des barrières infranchissables.

Maman est morte le 5 février.

Elle n'a pas su que les Verts avaient perdu quinze jours plus tôt ce derby sur un coup du sort. Elle n'aura pas pu me dire cette fois, comme elle en avait l'habitude, qu'elle avait été triste pour moi en entendant le résultat du match à la radio. Aujourd'hui, c'est moi qui souffre pour elle et par elle.

Ainsi cet épisode tragique de ma vie de quadra finissant m'apporte la preuve irréfutable que l'amour que je porte à mon club est immodéré et inconditionnel.

L'amour, l'autre, le vrai, celui dont on a fait des chansons, des poèmes, des livres, des films, des drames, est fort, passionné, vibrant mais il est aussi fragile, déclinant, souvent limité dans le temps. L'amour éternel, celui qu'on grave au couteau sur les troncs, est toujours un pari, un vœu, un défi. Sauf dans le cas des Verts. Sainté peut ne plus ressembler à rien, mal vieillir, ne plus séduire ni par son jeu, ni par ses résultats, ni par sa gestion, je lui voue cet amour inconditionnel et immodéré depuis quarante ans et probablement jusqu'au jour où ce sera à mon tour de passer l'arme à gauche. Quel que soit son état, je vibre encore et toujours pour lui, comme au premier jour.

Je suis ainsi de ceux qui se souviennent et s'enorgueillissent d'avoir, au fin fond de la division 2, connu les travées du stade Pierre-Brisson pour une prestation pathétique conclue d'un cinglant 0-3 contre la prestigieuse équipe de Beauvais. La fidélité est la première vertu du supporter et aller soutenir son équipe moribonde un soir d'automne, pour une affiche qui est une insulte à l'histoire de ce club, dans un petit stade doté de deux tribunes seulement et ouvert aux quatre vents, est un acte de bravoure, un titre de gloire. S'il y avait des Légions d'honneur à décerner, des croix de guerre à accrocher sur le torse bombé des supporters, alors je pourrais faire valoir mes états de service, non pas en racontant cette communion à 40 000 pour fesser Marseille de manière mémorable ce 12 décembre 1999, mais plutôt en contant ma double virée à Beauvais d'octobre 2001 puis celle de 2002 – le 5 et le 19, soyons précis –, à chaque fois pour en prendre trois et reprendre la route la tristesse, plus que la rage, au cœur. Sur le coup, je confesse volontiers que sous l'assaut de la fatigue et de la douleur mêlées, le trajet retour est un pénible examen de conscience à coups de *À quoi bon s'abîmer le moral à soutenir ce si maudit club ?*

Mais je crois profondément qu'on aime son club comme ses enfants : sans condition. Tu as chopé un 7/20 en maths ?

Je te pourris la tronche mais je m'inquiète avant tout, je suis meurtri et je cherche comment t'aider à faire mieux la prochaine fois. Vous en avez pris trois dans ce stade perdu au milieu d'une zone sans âme entourée de champs de betteraves face à un club à peine sorti de l'amateurisme ? Alors, j'en veux à tous ces joueurs source de ma douleur, je conchie leur coach incapable, je peste contre ces dirigeants incompétents, mais avant tout je m'inquiète pour mon club et je sais que je le soutiendrai encore la prochaine fois.

Si un parent avait un jour l'occasion d'assister à un examen oral de son fils, pour le bac par exemple, l'imagine-t-on face aux erreurs de son rejeton se mettre à le siffler, à le huer, à scander *On veut un enfant digne de son père ?*

Raison pour laquelle je ne comprendrai jamais les sifflets qui peuvent parfois tomber des tribunes à l'encontre de nos propres joueurs, accompagnés des trop fameux *On veut une équipe digne de son public*. Où est la dignité chez ces supporters qui sifflent leur équipe ? Dans cette relation amoureuse qui me lie inconditionnellement à Sainté, siffler, c'est tromper ! J'ai si souvent eu envie d'en découdre en tribune avec ces crétins qui sifflent pour une passe en retrait quand celle-ci, pourtant, devrait à tout amateur éclairé du ballon rond paraître judicieuse afin de relancer proprement le jeu. Si souvent eu envie de claquer ces abrutis qui huent la passe ratée d'un joueur qui a déjà la tête dans le seau, et sera dans les minutes qui suivent encore plus inhibé du fait même de ces sifflets. Imaginent-ils, ces siffleurs, le libérer de ses doutes, le délester de ses craintes en le conspuant ? Quel court-circuit a malencontreusement endommagé les neurones de ces demeurés au point qu'ils en oublient les fondements de la transitivité appliquée au supporterisme qu'un niveau mathématique très rudimentaire suffit pourtant à comprendre : soutien du public = confiance du joueur ; confiance du joueur = performance individuelle maximisée ; performance individuelle maximisée = équipe plus forte ; équipe plus forte = chances de victoire augmentées ; chances de victoire augmentées = plaisir du supporter. Donc soutien du public = plaisir du supporter. La boucle semble bouclée, avec démonstration étirée de la transitivité, on aurait pu faire plus simple et direct, mais il semble important de bien expliquer, des fois que les susdits demeurés liraient ces lignes...

Venant d'un public se décrétant, probablement à juste titre si on en croit les témoignages plus objectifs que le mien, *meilleur public de France*, ce type de comportement, même minoritaire, me plonge systématiquement dans des abîmes d'incompréhension et m'élève à des sommets vertigineux de mépris pour mon prochain. Siffler son équipe me navre. Et encore, je suis poli... Ça va bien au-delà.

L'amour des Verts ne devrait pas se vivre autrement que de façon absolue, inconditionnelle. Un supporter ne devrait être là que pour soutenir. Les Verts sont bons ? On jubile, on hurle notre joie, on bombe le torse, on donne de la voix, on emporte tout. Les Verts sont mauvais ? Que nous reste-t-il d'autre pour nous démarquer de toutes ces hordes de retourneurs de veste qu'on aime à railler, que la fierté de se concevoir comme un public hors norme et de le prouver encore et encore ? Alors, on chante quand même, on continue à venir au stade, on est exemplaire dans ces moments où un vrai public passionné et fidèle fait la différence. S'enflammer quand tout va bien est à la portée du pire des footix. Être là tout le temps malgré les échecs, les humiliations, et la médiocrité installée, est admirable. D'autant plus à l'heure où tous les médias vous servent à longueur de week-ends les plus belles actions des génies de ce jeu.

— *Tu as vu le slalom de Messi ?*

— *Non, j'ai vu la reprise du tibia de Diony, et je t'emmerde !*

Le foot d'aujourd'hui et ses dérives mercantiles ne laissent plus guère de place médiatique aux publics fidèles, comme celui de Lens, impressionnant malgré les infortunes répétées, et le sort qui prend un malin plaisir à s'acharner. Les médias préfèrent aujourd'hui s'appesantir sur de ponctuels débordements plutôt que de louer l'élan sincère et massif de certains publics, qui luttent encore et toujours contre l'envahisseur : ce foot business désormais roi.

Autant qu'inconditionnel, cet amour est immodéré. *La passion fait de nous un peuple sans raison*, ont tagué un jour les Green Angels sur les rambardes de la nationale 88 reliant la Haute-Loire à Sainté. Inscrit en grosses lettres, le slogan reste visible, immuable. La DDE, peut-être sensible à la poésie supportrice, ne semble pas vouloir l'effacer. Il peut sembler simple, facile, ce jeu de mots. Mais outre qu'il tranche avec les inscriptions monothématiques à base d'insultes et de S en écriture gothique que d'autres groupes font fleurir le long des autoroutes – mention spéciale à nos voisins d'outre-A47 et à leur très classieux ASAB (prenez le *Cops* de ACAB[1] et remplacez-le par *Stéphanois*) –, ce slogan

1. *All Cops are Bastards* (« Tous les flics sont des salauds »).

a le mérite de décrire simplement et efficacement l'état d'esprit des Anges : autrement dit, nous aimons passionnément ce club, nous l'aimons de façon immodérée et nos comportements sont le fruit de cette fièvre irraisonnée.

Passer un vendredi soir d'octobre dans les bouchons parisiens pour gagner (expression particulièrement inappropriée...) Beauvais et son stade, qui jouxte le parking d'un fast-food dans une zone glauque à la périphérie de la ville. Contempler l'air amusé puis, immédiatement après, atterré – de celui qui comprend soudain à quel niveau son club est tombé – les tarifs « super gala » inscrits à la craie sur un tableau en ardoise au-dessus d'un guichet, lui-même constitué d'une simple fenêtre creusée dans un mur entourant le stade. Après avoir patienté dans une queue manifestement inhabituelle pour l'endroit, pénétrer dans cette enceinte inconfortable, d'un autre âge où une simple butte en terre fait office de tribune derrière chaque but. Tout cela pour y voir un pauvre match de D2 et y subir les quolibets à base de *Et un, et deux, et trois zéro !* d'un public et d'un club dont cette victoire sera probablement le seul fait d'armes de sa toute petite histoire... tout cela plutôt que se faire tranquillement un bon restau entre potes à Paris. Voilà clairement illustrée cette folie douce qui nous guide. Oui, la passion fait de nous un peuple sans raison. Et il en fallait, de la passion, à l'aube de ce XXIe siècle, de la sévère, de la bien accrochée, de la bien serrée derrière nos écharpes vertes, pour supporter de tels affronts.

Et parfois – rarement –, comme pour donner le change, et tenter de démontrer qu'on sait vivre, qu'on reste éduqué, qu'on fait la part des choses, et que *Non, bien sûr, tout cela ne guide pas notre vie, allons enfin, quand même...* on accepte une soirée, une invitation, un concert, un spectacle... le soir d'un match. Cette soirée dont on sait à l'avance ce qu'elle signifiera d'inévitable supplice. Il y a d'abord un choix à faire que la technologie moderne nous offre depuis plus de vingt ans. Choisir de tout ignorer du déroulement du match ou accepter d'être informé au fil de l'eau. Choisir d'éteindre son portable et tenter – en vain – d'occulter qu'on est là, mais qu'on aimerait être sur un gradin ou devant un écran, ou choisir le pari de la double gestion. Gestion des nécessaires mondanités et de la comédie de la légèreté, et gestion également des infos brutes, brutales même, livrées par les SMS enflammés d'un ami chargé de nous tenir au jus de l'évolution du match.

L'option 1 présente l'avantage d'éviter les émotions fortes qu'on refrène à grand-peine. Ou au moins de les différer et surtout de ne pas les offrir en spectacle. Immense avantage, car au degré de passion qui est le mien, il est illusoire d'espérer maîtriser sa joie ou sa peine, et je sais, pour en avoir souffert, la difficulté de devoir expliquer à des connaissances ou amis non contaminés par le virus vert la profondeur de mon émoi, sans générer au mieux perplexité et gêne, au pire moquerie et quolibets. Des amitiés ainsi peuvent se défaire, et des amours se perdre en incompréhension mutuelle. On ne rallumera donc le portable qu'une fois assis dans la voiture. Ascenseur émotionnel garanti. Pour le meilleur ou pour le pire. Mais sociabilité préservée. Il faudrait donc privilégier l'option 1. C'est évident, c'est salutaire. Mais si difficile. Alors, souvent, on fait ce pari suicidaire de l'option 2, qui n'a de chance de réussir que si les Verts jouent le jeu avec une performance positive. On pardonnera notre écart, notre pensée baladeuse, notre esprit accaparé, seulement si notre compagnie finit par en être plus agréable par la grâce d'une soudaine très bonne humeur. On nous trouvera certes ridicules – *T'as vu comment il a réagi à cause d'un pauv' match de foot ! Il est frappé le mec* –, mais enjoué et divertissant, c'est au moins ça de sauvé. Choisir l'option 2, c'est le téléphone qui vibre – ou pas – dans la poche pendant le repas. S'il ne vibre pas, est-ce bon signe ? Et s'il vibre souvent, est-ce le signe d'une avalanche de buts ou d'un envoyé spécial à l'autre bout du téléphone qui, ne respectant pas l'usage, s'égare en commentaires superflus sur le match ? Que faire ? Doit-on décider de lire les messages au fil de l'eau ou attendre un moment calme, prendre le prétexte d'un passage aux toilettes judicieusement choisi à l'heure de la fin du match pour les lire tous et ainsi s'épargner les montagnes russes de l'évolution du score ? Pour atténuer notre honteuse conduite, on choisira plutôt cette seconde option, tout en maudissant les opérateurs et constructeurs de ne pas avoir pensé à nous avec ces SMS que la configuration du téléphone s'évertue à proposer du plus récent au plus ancien là où on aimerait tant pouvoir les lire chronologiquement, afin d'éviter la brutalité d'un verdict définitif. Quel crime de commencer par la fin ! Comme si on regardait le résumé d'un match dont on ne connaît ni le scénario ni le score en démarrant par une image du tableau d'affichage au coup de sifflet final… J'aimerais *faire filer* comme disait mon père quand, au poker, pour découvrir sa main, il faisait glisser lentement, patiemment, progressivement ses cartes.

Quelle que soit l'option retenue, si les petits détails qui la distinguent de l'autre nous semblent quasi vitaux, ils sont pour le commun des mortels en général, et en particulier pour la malheureuse qui partage notre vie et donc nos soirées, incompréhensibles. Ils ne changent rien face au constat désapprobateur de nous savoir l'esprit ailleurs, toujours. Car nous sommes dans tous les cas incapables de faire semblant. Semblant d'être là, de participer à la discussion, de profiter de l'instant, d'être dans l'insouciance naturelle d'une soirée arrosée avec des potes. Semblant d'être un mec normal, un samedi soir.

Ce match de l'illusion, du faire comme si, du faux-semblant, du trompe-l'œil, de la folie provisoirement masquée, de l'estime préservée, pas besoin de SMS pour en connaître le verdict : il est perdu d'avance, le score est sans appel.

Enfin, cet amour immodéré nous conduit parfois à vivre intensément des affiches d'apparence anodine, des matchs où ne jouent pas les Verts, mais où se joue indirectement leur destin. C'est le plus souvent dans ces instants de fin de championnat qu'on perd pour de bon la compréhension donc l'adhésion de nos plus proches. Les mois de mai sont meurtriers. Un signe sans doute que même aux yeux de nos intimes, cette passion a une limite. Et qu'elle est dépassée. Au-delà du mur, *You are leaving the green sector*. Accepter de se laisser gagner par cette folie, la laisser nous pénétrer, c'est passer à l'ouest aux yeux de nos proches.

Et pourtant, on voudrait expliquer, mais l'idée de devoir le faire patiemment nous épuise. On pourrait démontrer par A + B que tout est lié, mais on sent bien que ce serait vain. Il suffirait de décortiquer comment, à l'approche du *money time* du championnat, lorsque arrivent ces journées où les destins se figent définitivement, on en vient fatalement, comme ce printemps 2019, à vivre un Marseille-Nantes comme si les Verts étaicnt sur la pelouse.

Ce qu'un esprit éclairé devrait comprendre, c'est pourtant si simple, presque enfantin, c'est que tout a de l'importance, que le moindre détail, objectivement anodin, prend des proportions folles, que ces quelques semaines ne sont qu'une succession sans fin de battements d'ailes du papillon, que, oui, ce soir-là, votre fille fête ses onze ans, que vous savez bien que vous devez vivre et savourer pleinement ce moment, goûter ce simple bonheur familial, mais que des Parisiens rassasiés, voire écœurés par leur trop-plein de victoires, ont décidé pile au moment même du gâteau d'offrir sur un plateau les trois points à Montpellier, que ce résultat n'était pas intégré dans votre plan de marche savamment élaboré il y a plus d'un mois, et que cette très malvenue victoire relance les Héraultais dans la course à l'Europe, et en fait par conséquent des concurrents directs des Verts, qu'ils viendront donc défier la confiance et la motivation décuplées dans huit jours à GG.

La vie est une catin.

Parfois, bien sûr, et c'est le charme du sport, c'est en notre faveur que penche le destin. Il arrive que les Canaris décrochent la timbale au Stade-Vélodrome, éteignant sérieusement les espoirs marseillais, nous rendant ainsi pour quelques heures, quelques jours même, le cœur léger.

Mais qu'importe la nature de la tornade générée par ce maudit battement d'ailes, car au fond c'est notre emportement excessif qu'elle condamne, c'est notre passion sans limites qu'elle réprouve en refusant de se réjouir pour nous d'une victoire nantaise à Marseille : *Non, mon amour, ça va trop loin, cette fois je ne te suis plus.*

Peut-être cela traduit-il une forme de jalousie née du sentiment, pour tout dire justifié, qu'au fond du cœur de l'être avec qui elle partage trois enfants, vingt années de vie commune et le taboulé en barquette du soir, il reste une citadelle imprenable, un petit village qui résiste encore et toujours...

Mais nous, immédiatement, c'est l'incompréhension et un goût d'injustice qui nous saisissent, car nous pensions naïvement, par esprit de symétrie, que l'exploit nantais serait accueilli comme une bénédiction par Madame, puisqu'elle semble juger comme une trahison notre déprime liée à la défaite parisienne à Montpellier. Les femmes ne comprennent décidément rien aux mathématiques.

Mais au bout du compte, on se rend compte qu'on est toujours tout seul au monde : Fabienne Thibeault avait donc raison. Et moi aussi car, huit jours plus tard, agressifs comme jamais et solides sur leurs bases, les Montpelliérains viendront dans le Chaudron justifier mon agacement d'un soir d'anniversaire en coupant cruellement les Verts dans leur élan, les empêchant ainsi de menacer plus longuement au classement leur ennemi d'outre-A47.

Putain de papillon.

La mémoire neuve

Ni tout cela, ni rien au monde
Ne sait pas nous faire oublier
Ne peut pas nous faire oublier
Qu'aussi vrai que la Terre est ronde[1]

_Jacques Brel

— *Chéri, c'était quand déjà notre voyage à Prague ?*

— *Mars 1999.*

— *T'es sûr ?*

Évidemment que je suis sûr...

Madame me pose cette question mi-agacée, mi-incrédule. Je lui pardonne bien volontiers ce léger doute que j'attribue à la difficulté classique d'admettre que l'autre parvient à dater si précisément et si rapidement un événement lointain, là où il nous faut en général quelques secondes d'effort pour parvenir à le situer à deux ou trois années près.

— *Absolument certain. Les Verts jouaient contre Nîmes et les avaient tapés 3-1 sous la neige à Geoffroy-Guichard. Avec un but de Ferhaoui.*

1. « On n'oublie rien », *Marieke*, 1961.

Kader Ferhaoui. Captain Kader. Je n'ai aucun mérite, c'était en division 2, l'année de la remontée, l'année du Nouz. Le genre de saison qui laisse une trace indélébile, car elle est située exactement au carrefour entre la déprime totale et l'extase absolue. Mon souvenir est aussi précis que la résurrection fut spectaculaire.

Je lui fais donc cet aveu, qui m'honore, car il a des accents de sincérité, mais qui me dessert car il ne fait de moi à ses yeux qu'un grand malade dont la passion dévorante ne laisse place à rien d'autre. Et notamment pas au charme entrevu et immédiatement rompu de l'hypothèse d'une mémoire rendue vive par mon seul romantisme.

J'aurais beau protester, arguer que mon romantisme existe bel et bien, que j'en veux pour preuve le souvenir clair à mon esprit du détail de nos visites praguoises : le pont Charles, le château, le cimetière juif, et cette rue aussi dont j'ai oublié le nom, tu sais, avec ces petites maisons de couleur…

Non, le mal est fait. Il faut l'admettre, si ma mémoire est vive, si sa vivacité vient du cœur, c'est d'abord à ses battements pour les Verts qu'elle le doit. Et je n'ai pas marqué de points sur ce coup-là…

Ce même coup, je peux aussi le faire sur New York. Là, c'est moins drôle, notre virée à Manhattan ne date que de trois ans. Zéro mérite. Mais dans vingt ans, je ferai le malin encore, oui, Brooklyn, oui, le MoMA, oui, bien sûr, septembre 2017, et cette fois-ci peut-être, l'âge aidant et la sagesse qui l'accompagne, elle ne m'en voudra pas de pester encore contre mes Verts, période hispano-déprimante d'Oscar Garcia, qui s'étaient connement inclinés à Troyes 2-1, et m'avaient, décalage horaire oblige, plombé le moral dès la fin de matinée, passée l'esprit las, à arpenter les allées du Musée d'histoire naturelle.

Il était naze ce musée. L'impression qui domine en y repensant c'est d'abord ce blues qui m'escortait en contemplant ces Indiens de cire prenant la poussière dans des vitrines, puis ce foutu théâtre de l'espace auquel je n'ai rien compris… et cette putain d'incapacité à battre un promu alors qu'on évoluait à 11 contre 10 !

C'est clair. L'émotion préside tout. Comme un tri sélectif, elle choisit précisément sur le tapis roulant de notre mémoire quels souvenirs seront dignes d'être conservés, presque recyclés tant on les aura enjolivés et quels autres seront des déchets, dont le temps effacera très progressivement toute trace.

Ces déchets de nos mémoires, dont chacun s'émeut de leur disparition à grands coups de *J'oublie tout, j'ai la mémoire qui flanche*, ou le fameux *J'ai perdu la mémoire des noms*. Grâce à notre passion, nous ne prenons plus part à ces longues complaintes unanimes qui meublent les cafés du matin et les apéros du soir. Nous rions de ces émois collectifs, nous les fous du ballon, les amoureux de Sainté. Nous les prenons de haut, nous les tordus asociaux qui ne voyons la vie qu'en vert. Car nous savons, nous, qu'il s'appelait Świerczewski, Piotr Świerczewski, notre rugueux milieu polonais, qui s'était pris un sacré bourre-pif de Zidane lors de la victoire 2-1 contre Bordeaux, au cœur de la triste saison 1994-1995. Mémoire bien utile au demeurant pour replacer judicieusement l'anecdote dix ans plus tard, un soir de finale de Coupe du monde 2006 sur des airs de *Je ne suis pas surpris…*

Cette mémoire trouve donc sa source dans la profondeur de l'émotion vécue. L'émotion véhiculée par le match bien entendu, mais dont l'effet peut aussi être décuplé par l'instant, le contexte du moment, ce que nous traversons au moment du match. Comment sinon expliquer que je me souvienne de cette défaite 0-1 à Istres le 3 mai 2002, si ce n'est parce que mon écoute de ce match sans enjeu lors de notre laborieuse fin de deuxième saison d'affilée en division 2 fut interrompue par les contractions de Madame qui accoucherait dans la nuit de notre premier enfant ? Le parfait exemple du contexte émotionnel qui transforme une affiche totalement oubliable en moment fixé à vie dans ma mémoire.

Et parfois, tout est réuni : l'importance de l'enjeu sportif et la rareté du moment de vie. Ce soir de mai 1998, j'ai vingt-sept ans et n'habite déjà plus dans la grande maison familiale de la rue Lassaigne depuis plusieurs années. Mes parents en ont signé la vente quelques jours auparavant, et je viens y passer un dernier week-end, y dormir pour une ultime fois. La maison de mon enfance, de mes posters des Verts, de mes multiplex au creux de mon lit moite. La maison de mes coups francs pleine lucarne dans les buts que formaient les deux poteaux et la corde à linge entre lesquels elle était tendue. Un but trop large et pas assez haut mais dans lequel j'ai brossé tant de frappes de l'intérieur du gauche, que j'y ai probablement claqué plus de pions que le roi Pelé, l'homme aux mille buts.

La maison que je revisite en rêve régulièrement plus de trente ans plus tard, moi qui ne sais faire autrement que verser et reverser encore et toujours dans une nostalgie certes moelleuse mais inutile.

Ce soir-là, dernière journée de championnat, les Verts qui restent sur cinq matchs sans victoire dans cette division 2 à vingt-deux clubs se déplacent à Lille avec pour mission de ne pas perdre pour être sûrs d'éviter l'affront d'une relégation. Je les ai implorés la veille de m'éviter la double peine en brûlant un cierge dans la magnifique chapelle Saint-Michel d'Aiguilhe au Puy-en-Velay, bien conscient du ridicule de l'affaire, moi le non-pratiquant. Dire adieu à mon enfance et dire adieu à mon club le même soir aurait été sans doute un poil excessif pour mon âme fragile.

Pape Sarr, en qui j'ai voué une éphémère reconnaissance éternelle, pensait par son égalisation nous éviter l'affront. Las, à cinq minutes du terme, Lille inscrira un deuxième but qui me condamnera à guetter les résultats de nos concurrents directs pour finalement souffler. Si l'honneur n'était pas sauf, le club, lui, l'était. Et seul ça comptait.

Ma mémoire conserve aujourd'hui encore ce sentiment particulier mêlé de soulagement et de tristesse.

En l'espèce, exponentiellement dopée par la conjonction de l'enjeu du match et d'un tournant de ma vie, la mémoire joue sur du velours. Rien ne l'entrave. D'autant qu'elle est par la suite savamment entretenue par nos conversations amicales dans un pub avec d'anciens camarades de tribune, ou devant le stade avant d'y pénétrer, pour occuper le temps qui précède un match.

Nous évoquons alors nos ivresses et nos détresses passées. Ces émotions vécues au même instant, avec la même intensité, la même joie ou la même douleur, sont comme des liens indéfectibles entre nous. Nous les remémorer ensemble, c'est pouvoir librement, sans peur du jugement de l'autre, confesser nos faiblesses, admettre notre folie. C'est se rassurer en se disant que si on fait honte à voir, non, Jef, décidément, on n'est pas tout seuls.

Mon panthéon

C'est extra
Ces mains qui jouent de l'arc-en-ciel
Sur la guitare de la vie
Et puis ces cris qui montent au ciel[1]

_Léo Ferré

Bien avant que les télés se mettent à produire et reproduire encore des classements sur tout, et surtout sur n'importe quoi, j'ai toujours eu un faible pour la hiérarchisation de ce qui me touche de près ou de loin. Et donc bien entendu, et avant tout, des Verts.

J'ai longuement et scrupuleusement pratiqué à l'adolescence un fastidieux et complet suivi statistique sur les Verts. Tout, je comptais tout. Je traçais avec soin sur des feuilles à petits carreaux des lignes horizontales pour les joueurs, verticales pour les journées, et je remplissais au fil de la saison case après case le nombre de minutes passées par chacun sur la pelouse. Autre feuille, autre suivi, je notais toutes les affluences, au spectateur près, des matchs à Geoffroy-Guichard. Et mon perfectionnisme souffrait

1. « C'est extra », *L'Été 68*, 1969.

de l'approximatif « 14 000 spec. env. » que je découvrais parfois au lendemain des matchs sur la feuille de match publiée par *La Tribune Le Progrès* ou *L'Équipe*. Cet « env. » pour environ me contrariait réellement. Qui avait fait cette estimation ? Le journaliste ? Un membre du club ? Avait-il, comme ne peuvent l'être que les habitués du Chaudron, l'œil suffisamment exercé pour que son estimation soit pertinente ? Quelle était la marge d'erreur ? Quel serait l'impact de cette erreur sur la moyenne annuelle que je calculerai en mai prochain, une fois la saison achevée ? Quel sens avait mon travail de fourmi si la moyenne obtenue *in fine* était fausse ?

Bien entendu je comptais également – et je dois confesser que je n'ai jamais cessé cette partie-là de mon suivi statistique – les buts marqués par nos joueurs. Plus précisément ceux marqués en championnat, car je n'accordais étrangement que peu de crédit aux pions claqués en Coupe de France, seule coupe jouée par les Verts à une époque où la perspective de retrouver l'Europe tenait du doux rêve, et où la Coupe de la Ligue n'était alors qu'un amuse-bouche estival pour patienter avant le démarrage du championnat. Je me plaisais enfin à répertorier et comparer les saisons sur la base du classement final et du nombre de points obtenus par les Verts.

Ces activités de contrôleur de gestion en short qui meublaient mes semaines entre deux matchs m'apportaient un plaisir réel, comme une façon de profiter en différé des éléments du match qu'on ne goûte pas en direct, tant seuls le spectacle et le suspense du résultat final comptent alors.

Mais s'il est un classement que je ne me suis jamais autorisé à établir, c'est celui de la valeur des joueurs.

J'ai renoncé à classer les joueurs. Sans doute d'abord parce que mon esprit rationnel supporte mal les hiérarchies subjectives, non fondées sur des chiffres. Quel sens aurait un classement où se mêlent des joueurs dont le rôle dans l'équipe n'est pas le même ? Seule la comparaison entre deux joueurs à la position sur le terrain et au temps de jeu parfaitement identiques serait pertinente. Or cela n'existe pas dans la réalité d'un effectif. Et si tel joueur m'a laissé un souvenir nettement moins périssable que tel autre, c'est aussi, voire d'abord, une question de sensibilité. La sensibilité n'a rien à voir avec la statistique. C'est l'émotion procurée par le joueur qui conditionne mon jugement. Au même titre que, lors d'une action, le simple fait de relever que tel joueur a joué juste influencera ma perception de sa performance globale ; flasher sur un de ses matchs me le rendra durablement sympathique, au-delà de tout jugement plus sérieux, basé sur un enchaînement conséquent de matchs.

Mon refus de les classer tient aussi au fait que mon âge n'est pas suffisamment avancé pour m'autoriser à juger les grandes gloires du passé. Ma hiérarchie serait incomplète donc imparfaite. J'aurai, c'est terrible, un avis toujours plus pertinent sur les oubliables Hervé Musquère ou Vincent Chicharo que sur Salif Keïta ou Rachid Mekhloufi que je n'ai, hélas, jamais vus balle au pied mais qui comptent, à en croire les anciens, parmi les plus brillants footeux ayant porté la mythique tunique. Au-delà se pose la question de la pertinence de comparer des joueurs ayant évolué à vingt ans d'écart, tant le jeu, notamment sur le plan de l'intensité physique et de la vitesse, s'est transformé aussi sûrement que le physique des joueurs. Il suffit pour s'en convaincre de penser aux deux joueurs ayant amené à l'équipe de France ses premiers trophées : Platoche et Zizou étaient les leaders techniques de leur équipe, tous deux occupaient peu ou prou le même poste. Tous deux étaient considérés comme le meilleur ou l'un des meilleurs joueurs au monde à leur époque. Mais leur physique n'a rien de comparable, leur football non plus, et pourtant à peine vingt ans séparent leurs règnes respectifs. Donc malgré mon faible certain pour Tibeuf, Alex, Laurent Blanc ou Aubame, je me refuse à hiérarchiser des joueurs.

Je sais en revanche me souvenir des émotions procurées, notamment les plus fortes, qu'elles soient négatives ou positives. Pour ces dernières, je me suis toujours plu, comme une entorse à mes principes, à identifier celles qui sont au-delà de tout. Ce sont celles qui associent à la fois l'intensité du bonheur vécu en direct à la plénitude du souvenir, comme un vin délicieusement long en bouche. Celles-ci sont destinées à la plus haute étagère de mon panthéon personnel : ce sont les matchs des Verts m'ayant procuré le plus de joie.

Dans ce panthéon, les places sont limitées. Les critères sont simples : il y a l'importance de l'enjeu naturellement, le prestige de l'affiche – en particulier la présence d'un rival historique en face –, le contenu du match, le caractère exceptionnel de la performance des Verts, et l'ambiance à Geoffroy.

Vous mélangez tout cela, vous secouez, il en ressort pour moi par ordre chronologique (et sans hiérarchie) : le match retour du huitième de finale de Coupe de France contre Lens en 1985 (2-1) ; le triomphe contre Marseille en 1999 (5-1) ; le match du titre de division 2 contre Châteauroux en 2004 (2-1) ; le centième derby à Gerland en 2010 (1-0) ; la victoire en Coupe de la Ligue en 2013 contre Rennes au Stade de France (1-0).

1985, ce match de Coupe de France contre Lens, c'est d'abord le souvenir impérissable d'une sensation d'ivresse, l'impression figée à jamais d'avoir été transporté physiquement, à treize ans, au centre des gradins debout, derrière les buts évidemment. Ces gradins dont la contenance pour une surface équivalente était deux fois supérieure à ce qu'elle est aujourd'hui. Il fallait venir tôt, au moins deux heures avant le début du match, pour espérer être bien placé, c'est-à-dire dans l'axe derrière les buts. Sinon il était impossible de pénétrer la foule compacte, chacun se tenant parfois de côté et non face au terrain, faute d'espace suffisamment large, au point d'en être réduit à jouer des épaules pour préserver sa place et pouvoir respirer. À treize ans, je n'étais pas taillé pour cet amical combat. Ma vision du terrain n'était que partielle, car j'accusais forcément un déficit de taille sur la majorité des spectateurs situés juste devant moi. À défaut de bien voir, je savourais ce plaisir, cette sensation physique nouvelle, un peu comme dans un grand huit, l'écœurement en moins : être littéralement porté par la foule qui formait des vagues sur chaque offensive. Si l'attaque se déroulait sur le but situé littéralement à nos pieds (les grillages n'étaient alors séparés que de quelques centimètres des filets du but, au point qu'on pouvait sans souci parler au gardien), alors la vague se formait. Une attaque sur l'aile droite générait une vague sur la partie gauche des gradins debout sous l'effet de la poussée des spectateurs se dressant sur la pointe des pieds et s'appuyant sur les spectateurs devant eux pour mieux savourer l'action. Et réciproquement.

Assister à un match dans ces conditions vous transportait au sens premier du terme. Cinq, six, dix fois par match vos pieds décollaient et ne retouchaient le sol que 4 ou 5 mètres plus bas. Tous les supporters ayant vécu cette période d'avant réfection du stade en 1998 racontent avec les mêmes accents nostalgiques cette expérience unique qui les a marqués à vie et liés pour toujours au Chaudron.

Si j'étais transporté, les Lensois étaient, eux, renversés ce mardi 16 avril 1985. Après le nul obtenu de haute lutte à l'aller (1-1), ces jeunes Verts de division 2 dont je venais à peine de tomber amoureux l'emportaient 2-1 grâce à Jean-Luc Ribar – l'un de mes deux chouchous de l'époque avec Jean-François Daniel – en fin de match contre un calibre de division 1, confirmant par là leur irrésistible ascension et me donnant cette illusion qu'après le drame de la descente vécu en ce lieu dix mois auparavant, ce club décidément pas comme les autres était voué très vite à renaître et remonter très haut. Il s'agissait de mon vrai premier grand moment de fierté verte, né de ce 23e match d'une série historique de 24 sans défaite dont 15 victoires successives. Par sa place dans cette somptueuse série comme par son enjeu exceptionnel, par la dimension de l'adversaire comme par l'ambiance dans le Chaudron archiplein (plus de 46 000 spectateurs), ce Sainté-Lens fut un véritable apogée. L'apogée d'une période où j'abordais chaque rencontre

– la force de l'habitude – avec une délicieuse confiance, si rare, dans l'issue de la partie. J'ai pris conscience quelques décennies plus tard que cet état de grâce ne survenait au maximum qu'une fois ou deux dans l'histoire personnelle d'un supporter avec son club. Dans la mienne, il m'était offert un an à peine après mon coup de foudre pour Sainté. J'étais tombé amoureux quelques mois auparavant, et je ne m'étais manifestement pas trompé : ce match et cette saison me confirmaient que l'élu de mon cœur était décidément bien unique.

Il faudra attendre quinze ans, quinze longues saisons pour justifier une deuxième cérémonie de panthéonisation : entre ici l'éternel 5-1 du 12 décembre 1999 contre Marseille ! Sa saveur est inégalable tant par l'ampleur de l'humiliation que par l'interminable attente qui a précédé cette spectaculaire revanche : revanche sur le sort, sur les années de vaches maigres, sur le déclassement durable des Verts, sur ce club marseillais enfin – surtout – qui s'était arrogé depuis la fin des années 1980 avec son style tapageur et ses méthodes douteuses le droit de nous déloger du trône du foot hexagonal.

Pour ma première victoire en championnat face à l'ennemi historique des Verts, le seul réel rival que j'estime digne de ce nom (il y aurait Nantes aussi, mais son empreinte européenne et sa place dans les cœurs sont moindres), tous les ingrédients furent réunis. Ce soir-là je tombai raide dingue non pas d'une équipe, mais d'un joueur : Alex, quadruple buteur brésilien et héros éternel de cette divine sarabande. Il eut cette historique inspiration de célébrer un de ses buts en imitant, à genoux, la panthère, en hommage à Salif Keïta et à l'histoire de ce club dont il perpétuait ainsi la légende. Alex en cet instant tutoyait le Platini qui terrassa à lui seul le grand Hambourg (5-0) chez lui en 1980. Et puis battre Marseille, c'était comme briser un interdit, outrepasser une règle, en finir avec une malédiction. Et de quelle manière ! Si en 1985 le meilleur succédait au pire, en décembre 1999, le meilleur précédait le pire, les faux passeports, le pénible acharnement des instances pour couler les Verts, relégués en mai 2001. Cette chute terrible, comme une mort programmée du club, précédait, comme le veut la tradition à Sainté, une lente mais finalement spectaculaire résurrection, et le troisième instant de grâce de mon cinq majeur.

Les Verts, au bout de leur troisième saison dans l'enfer de la division 2 devenue Ligue 2, sont assurés enfin de remonter en Ligue 1. À la veille de la dernière journée, en cette chaude soirée de mai 2004, Châteauroux se présente dans le Chaudron, et le titre de champion de France que nous dispute Caen est en jeu. C'est un titre certes, mais presque seulement honorifique car il ne vous place qu'au sommet de l'antichambre. C'est un trophée, certes, mais pas des plus glorieux pour un club qui cumule dix titres de *vrai* champion de France. Un titre, oui, mais qu'on n'ose pas inscrire sur les écharpes et les drapeaux. Et si cela constitue une ligne au palmarès, elle reste liée à une page triste du club. Et pourtant, malgré toutes ces réserves, la porte du panthéon s'ouvre grand devant cette ambiance et ce dénouement inoubliables.

L'ambiance, c'est tout simple, je n'en ai jamais connu de telle à Geoffroy. Tout le stade en fusion. Oui, dans sa totalité. Les deux kops bien sûr, cela va de soi. Mais également, et c'est exceptionnel, les deux tribunes latérales. Cela a commencé avant le coup d'envoi par ces tifos grandioses dédiés à la ville et son histoire qui ont recouvert, événement inhabituel, les quatre tribunes. Puis durant tout le match, une ambiance rare, mélange de tension et d'euphorie, et enfin l'apogée lors de vingt dernières minutes à couper le souffle où tout le stade était debout pour pousser ce maudit ballon au fond des filets. Les latérales debout pendant vingt minutes ! Quel autre match offrit un jour ce spectacle à Sainté ? Alors, jamais comme ce soir-là, je n'eus, durant ces délicieuses minutes, la certitude que le public allait inexorablement faire marquer l'équipe. J'étais seul pourtant dans ma tribune, n'ayant pu choper qu'au marché noir, quelques instants avant le coup d'envoi, une place loin de celle de mon pote Fred. Seul mais exceptionnellement bien entouré : 34 792 spectateurs dans un stade qui n'en faisait que 35 000 à l'époque. Et au bout du bout, car c'est toujours là que c'est le meilleur, Damien Bridonneau, l'anonyme latéral qui ne marque jamais, Bridonneau, dont le nom même fleure plus le fromage à pâte molle des Pays de la Loire et les joutes laborieuses des bas-fonds de la Ligue 2 que les grandes affiches télévisées, Bridonneau, en un éclair, passa de l'oubli à l'éternité en reprenant d'une somptueuse volée l'ouverture de Fred Mendy. On jouait la 87e minute et ce pion du 2-1, ce pion du titre, ce pion du bonheur absolu, ce pion de la fierté retrouvée, ce pion de la croyance renforcée dans le destin unique de ce club, fit exploser comme jamais le Chaudron. Jamais auparavant, et jamais depuis, je n'ai revécu avec une telle intensité l'ivresse collective de GG.

Quatrième panthéonisé : ce soir de centième derby, j'allais au stade un peu comme à l'échafaud, au cimetière de Gerland. Mis en condition dès le long trajet en métro par cette rame, qui se paraît progressivement exclusivement de rouge et bleu à mesure que la station finale approchait. Plongé en territoire ennemi, seul dans un environnement absolument hostile. Convaincu d'être Jean Moulin en 1943 qui, dans ce même Lyon occupé par l'ennemi, devait ne rien laisser transpirer de ses activités. Renoncer à réagir aux conversations de mes voisins, évidemment toutes dédiées au match. Me taire et ne rien laisser paraître. Un jeu presque grisant, s'il n'y avait au bout l'entrée dans ce stade et la promesse d'une défaite. Mais c'était ainsi, je vivais désormais à Lyon, mes favoris y jouaient et, aussi illusoire que la perspective d'une performance de Sainté puisse paraître à l'époque, je ne me serais pas pardonné d'avoir raté l'occasion de la savourer de mes yeux, de goûter au silence de Gerland médusé et abasourdi.

Le mot, le premier, l'essentiel, celui qui domina tous les autres au coup de sifflet final victorieux, c'est *revanche*. Revanche sur l'histoire récente, revanche sur l'humiliation des défaites et sur les pénibles chambrages qui les escortaient, revanche sur les décisions arbitrales douteuses, revanche sur la morgue de leurs dirigeants et l'éternelle condescendance lyonnaise. À peine débarqué à Lyon pour motif professionnel après quatorze années de vie parisienne, je me plaisais à imaginer que j'étais descendu en mission pour remettre les choses dans l'ordre. J'avais tant souffert, que leur victoire était la mienne. Je n'aurais pu espérer plus jouissif scénario, l'impression de hold-up au bout d'un match où les Verts, héroïques, avaient sauvé trois fois le ballon sur leur ligne. Dimitri Payet, auteur du sublime coup franc de la 74e minute, entrait ainsi, un peu par effraction, et ce n'en était que plus délicieux, dans l'histoire verte. Sur un simple coup de patte, mais un coup de patte génial, du droit dans la lucarne gauche. Du droit, à droite quand on regarde les cages. Du droit, là où donc tout le monde attend normalement la frappe d'un gaucher. Du droit, à 28 mètres. Du droit d'une frappe rapide, au-dessus de ce mur qui saute inutilement. Les murs ne peuvent rien contre le talent. C'est le théorème de Platoche. Génial, c'est le mot.

Bien entendu, qui dit panthéon dit consécration. Les larmes sont venues en une nuit dyonisienne de dépoussiérage de palmarès. Le samedi 20 avril 2013, Rennes est arrivé moins bien équipé, moins en confiance aussi et plus lesté que nous, si c'est possible, par le sentiment de malédiction né d'un long historique de dernières marches non franchies. Nous, nous étions portés par un si bel élan, forts des certitudes nées de nos parcours en championnat, en Coupe de France et dans cette Coupe de la Ligue. Le groupe vivait manifestement bien, la cohésion des troupes menées par Galette nous conférait cette force qui amène les commentateurs à coups de *C'était écrit* à nous expliquer – après le match c'est toujours plus simple – que la conquête était inéluctable, le triomphe attendu. Il est vrai que les Verts affichaient depuis de nombreux mois une réelle solidité défensive sublimée par les éclairs d'Aubame devant. La coupe nous semblait donc destinée, d'autant plus au regard d'un parcours qui nous avait vu notamment sortir l'ogre Paris SG puis Lille en quart et demi-finale.

Le peuple vert avait colonisé le Stade de France. Nombreux furent les supporters à rester à la porte, tant le nombre de places réservées pour chaque équipe était trop faible pour l'engouement historique généré par notre première finale d'une coupe nationale à Paris depuis 1982. *Jamais pour un match de clubs dans cette enceinte avait-on vu une telle ambiance*, écrivit le lendemain Vincent Duluc, patron lyonnais de la rubrique foot de *L'Équipe*, qu'on ne peut pas soupçonner de parti pris sur la question.

L'ambiance était somptueuse donc, malgré un match tendu, fermé, pauvre en occasions. Grâce au pion vite claqué par Brandão sur une merveille de centre de l'extérieur du pied d'Aubame, l'éventualité d'un couac ne nous aura pas longtemps effleurés et la perspective du triomphe aura dynamisé nos chants, dont le fameux *Pa pada padda pa papa, Saint-Étienne, allez Saint-Étienne !* repris tour à tour par chaque moitié de tribune verte. Ce *Pa pada* que nous avons repris en chœur dans la nuit parisienne avec mon fils et mon neveu, ivres de bonheur et de fierté, en rentrant nous coucher quelques heures après le match.

Les livres d'histoire diront qu'ils étaient 42 000 le lendemain à accompagner dans Sainté la parade du bus des joueurs présentant la coupe à la cité radieuse. Ce titre, ce n'était qu'une Coupe de la Ligue, mais ce fut pour l'éternité, au regard des trente-deux ans d'attente.

Voilà mon panthéon. Je l'aime et c'est le mien. Il est équilibré. Il témoigne de bonheurs différents, à des époques et dans des contextes et compétitions bien spécifiques. Il ne sera pas simple d'y entrer, car il faudrait pour cela sortir l'un des cinq souvenirs magiques, selon la règle, ma règle

– et il est bon parfois de s'en donner des immuables –, qui veut qu'un vrai panthéon ne soit pas une auberge espagnole et qu'on doit pouvoir compter ses locataires sur les doigts d'une main.

Il y a donc des prétendants éconduits de peu, des qui ont entrouvert la porte, des presque parfaits, des séduisants, des tripants, des kiffants, des vibrants : sur le parvis, dans la foule agglutinée de ces matchs qui étaient à deux doigts de passer la grande porte, on trouve pêle-mêle les jouissives fessées infligées à Marseille à l'été 2000 (3-0), à Lyon en 2014 (3-0 également) avec à chaque fois cette délicieuse impression d'avoir piétiné l'ennemi héréditaire. On y trouve aussi ces demi-finales en forme d'antichambre de conquête : celle de la Coupe de la Ligue et son irrespirable séance de pénals contre Lille en 2013, celle de la Coupe de France contre Rennes avec la délivrance au bout du bout du temps additionnel en mars 2020.

Pour l'instant, en espérant un jour – pourquoi pas ? – n'avoir d'autre choix que de remettre en cause ma sacro-sainte règle des doigts d'une main, ces très beaux moments arrivent juste après.

Après ces cinq moments gravés pour l'éternité, cinq pages que je me plais à imaginer refeuilleter sur mon lit de mort, au moment de mon dernier souffle. Pour quitter ce monde le sourire aux lèvres.

For ever

Avais-tu deviné
Que des dieux se cachaient
Sous nos faces abîmées[1]

_Dominique A

Sainté, c'est nous. La banderole apparaît fréquemment dans les kops de Geoffroy. Elle est claire, sans nuances, mais sans réelle exagération non plus. Elle dit tout.

Dans une version plus étayée, une autre phrase souvent entendue exprime à peu près ceci : les dirigeants, les joueurs, les entraîneurs passent, le public reste. Tout cela relève du bon sens, voire de l'évidence. À Sainté, sans doute plus qu'ailleurs, la force vitale, éternelle, celle qui a permis et permettra encore de traverser les épreuves, et de renaître, toujours, c'est le public. Le fameux peuple vert.

Ce préambule posé, à Sainté comme ailleurs, sur les terrains parfois enneigés, comme dans nos cœurs enfiévrés, tous les hommes ne laissent pas la même trace. Certains passent et lassent vite. Et puis il y a les autres. Rares, leur nombre est inversement proportionnel à la dimension

1. « Immortels », *La Musique*, 2009.

qu'ils ont prise dans nos mémoires collectives. Ils sont sortis du lot et entrés dans la légende. Leurs faits d'armes, leur personnalité, leur rapport aux supporters et leur fidélité au club, mais également bien entendu leur influence déterminante sur des performances remarquables de l'équipe sont parmi les facteurs qui permettent ainsi à mes yeux à un Ribar, un Moravčik, un Galtier, un Alex, un Aubame ou un Perrin d'être virtuellement statufiés. En la matière, les choses sont bien établies, les avis convergent sur certains noms d'intouchables aussi sûrement que les vacanciers sur l'A7 un week-end du mois d'août.

Au bémol près des fossés entre générations, car il est pour chacun compliqué de panthéoniser un joueur qu'on n'a jamais vu à l'œuvre.

Ce qui n'était pas le cas de Guy Clavelloux, petit frère de l'Éric Clavelloux de mon poster, en août 1987. Avec lui, un soir, une nuit improbable, le miracle se produisit. Comme porté par un élan nouveau, papa avait commis une entorse au règlement : il rentrait du stade, où il s'était rendu seul. Élément de stupéfaction supplémentaire, il avait fait le déplacement depuis notre maison de campagne en Haute-Loire, s'infligeant ainsi deux heures de conduite. Tout cela ne collait déjà pas vraiment à l'idée que j'avais de sa passion, de sa façon toute en modération de la vivre. Était-ce l'effet euphorisant d'être au début de ses vacances, qu'il prenait immuablement du 1er au 31 de ce mois ?

J'avais moi-même sagement écouté à la radio le match, je connaissais donc le score, mais mon paternel était venu dans ma chambre, alors que je dormais déjà, pour me faire le récit de la partie. Il pensait, à juste titre, que je goûterais le témoignage d'un spectateur présent au stade, donc fourmillant d'anecdotes dont la seule et immense vertu était d'étoffer le plaisir de la victoire pour celui qui les découvre. Mais cette fois-ci, parmi les anecdotes, un événement majeur : papa avait vu un *joueur extraordinaire*. Non, pas vu, « découvert », c'était le verbe qu'il avait employé : *J'ai découvert un joueur extraordinaire !*

L'emphase était volontaire. Il aurait pu simplement me dire qu'il avait vu un petit jeune prometteur ou même, plus optimiste, m'expliquer que la relève était là. L'expérience rend en théorie prudent sur les emballements inappropriés. À plus de cinquante ans, de l'expérience, il en avait. Et l'enthousiasme n'était en temps normal clairement pas son rayon.

Il fallait donc que cette découverte fût incontestablement exceptionnelle pour qu'il vienne me réveiller à minuit. Il venait me l'annoncer comme on dévoile un secret trop encombrant à garder, comme on partage une joie trop intense pour être conservée, comme on répartit une charge d'émotion trop lourde à porter seul. L'ampleur de la révélation justifiait qu'il se déleste de cette nouvelle immédiatement, sans attendre le petit déjeuner du lendemain. C'était pourtant habituellement à ce moment, idéalement avec la presse du jour fraîchement achetée par ma mère, dont mes frères et moi nous disputions la primeur, que nous partagions à froid nos émotions de la veille. Tirant des enseignements définitifs sur la valeur des joueurs et de l'équipe – que le week-end suivant ne manquerait pas de remettre en cause –, nous finissions, sixième tartine avalée, en pariant sur notre classement en fin de championnat.

C'était enfin toujours à contrecœur que nous quittions la table, vaincus par les remontrances de ma mère, agacée du temps passé – donc perdu – à parler si longuement d'un sujet si futile.

Cette nuit, mon père était donc venu me dire le plaisir pris au spectacle de la victoire 2-0 des Verts et l'excitation d'avoir vu de ses yeux un tel phénomène. À l'entendre, Platoche avait enfin un successeur. Papa était l'ange m'annonçant à moi, pauvre berger, qu'un sauveur nous était né, et gloire à Sainté au plus haut des cieux !

Si le diable est dans les détails, la complexité d'un caractère qu'on a trop vite fait, sans doute, d'analyser et résumer à gros traits se cache peut-être derrière des anecdotes qu'on pense par nature anodines. Mon père avait ce soir-là dévoilé une facette de sa personnalité qui m'était inconnue. Si je le connaissais joueur, je le savais excessivement rationnel, qualité qu'il exploitait d'ailleurs parfaitement aux cartes. Je le trouvais largement plus honnête que la moyenne et je souffrais de sa sévérité plus que de son manque d'affection. Je l'imaginais presque sans sentiment, puisque dépourvu d'émotion autre que la colère face aux incartades de sa descendance.

Comment expliquer ce soudain emballement ? Cet enthousiasme disproportionné cachait-il autre chose ? Était-ce simplement un besoin – que je sais universel pour en faire moi-même l'expérience aujourd'hui – d'établir un lien avec son fils, de partager, fut-ce sur un sujet aussi accessoire que le foot ? Mais y a-t-il des sujets légers dès lors qu'ils permettent d'établir une complicité ?

Ce vernis de sévérité et de distance en tout qui craquait si soudainement, était-ce le fruit du relâchement d'un homme en vacances qui consent enfin à se laisser aller ? Ou était-ce moi, mes quinze ans et mon jugement trop hâtif et sans nuances qui n'avaient pas su voir la sensibilité derrière ce vernis ? Je ne le saurai jamais, même si le temps passant me fait valider cette dernière hypothèse. Ce dont je suis en revanche sûr, et depuis près de trente-cinq ans, c'est que Guy Clavelloux ne fut qu'une promesse, définitivement envolée, arrachée, fracturée même, un soir de février 1990 sur une pelouse cannoise, sous l'effet du tacle insensé de Pierre Dréossi. À l'époque, on parlait de match engagé, pas de tacle assassin. La vidéo de cette agression incroyable qui ne valut à son auteur, à défaut de carton, que mon éternelle rancune, est un plaidoyer décisif pour l'assistance vidéo à l'arbitrage.

Pour être honnête, le football français et même le Stéphanois n'en furent sportivement pas plus émus que cela. En à peine deux saisons en pro sous le maillot vert, le petit milieu de terrain avait joué cinquante matchs de division 1 pour un pauvre but. Question stats, il avait manifestement oublié d'affoler les compteurs, le sauveur. Alors, un peu ce soir-là mais surtout les semaines et années qui suivirent, je ne sus répondre à cet enthousiasme paternel que par la plus parfaite et désobligeante ironie, celle qu'il m'avait si bien enseignée tant il en usait quotidiennement avec nous.

Les railleries répétées de la part de ses enfants lui ont sans doute coupé l'envie de renouveler ce genre d'emballement. On devrait toujours réfléchir avant de se moquer…

Si aujourd'hui pas un seul supporter, même parmi les rares qui ne l'ont pas oublié, n'oserait faire de Guy Clavelloux un immortel, une bonne majorité s'accordera sur les trois ou quatre noms qu'il faut ressortir de chaque décennie verte. Et tous seront d'accord pour placer au-dessus, bien en tête, pour ce siècle déjà bien entamé, le nom de Loïc Perrin. Dieu pour les intimes. Les très nombreux intimes qui ont le Vert au cœur. Pour eux, pour nous, Loïc Perrin, c'est Dieu fait footballeur. Car si Dieu est dans tout, et tout est dans Dieu, alors, oui, en matière de football à Sainté, Loïc Perrin est Dieu.

Dieu, meurtri dans sa chair par toutes les blessures qu'un footballeur peut endurer, a vécu plusieurs résurrections. Dieu est dans nos souffrances, dans nos chemins de croix en Ligue 2. Dieu est dans notre renaissance un soir de 2004. Dieu est dans nos retrouvailles laborieuses avec la Ligue 1, comme il est dans notre retour sur ses hauteurs, jusqu'à l'aboutissement de la réapparition sur la scène européenne. Dieu est LA référence, le capitaine, le vieux sage, le guide. Dieu est la tête et les jambes. Dieu a vécu les injustices et les humiliations, Dieu a renversé la table et le sort injuste lors du 100e derby en provoquant cette faute tombée du ciel qui amènera ce coup franc délicieusement, magnifiquement, historiquement déposé dans la lucarne. 95e minute, coup de sifflet final. Bras en « V », je me lève, et ils me bousculent, mais je ne vacille pas. Les yeux rivés vers ce coin du stade où un kop en fusion jubile et savoure cette revanche d'autant plus jouissive qu'elle fut si longue à venir.

Dieu a soulevé la coupe, trente-deux ans après notre dernier titre, un soir où le Stade de France a plus que n'importe quel autre soir ressemblé enfin à un stade de foot par la grâce d'un peuple gonflé d'attente et d'orgueil. Dieu a parcouru l'Europe, l'obscure, la septentrionale. Dieu a également foulé la pelouse d'Old Trafford et celle de San Siro.

Tout est dans Dieu. Toutes les vertus hélas inaccessibles au footeux du XXIe siècle : la fidélité à un seul club, à une seule couleur pendant toute sa carrière, une vie publique dépourvue de frasques et un look délesté de paillettes et sacoches Vuitton, avec une décence capillaire ignorant tout des modes foireuses des rasés sur le côté, des peroxydés, des blondifiés, une mesure dans le discours là où la prétention est de rigueur, l'intelligence du propos là où la faute de français est la règle. Et, plus qu'un détail, à la fois au-delà et préalablement à tout cela, un niveau de jeu qui aurait dû l'amener en Bleu, des qualités d'anticipation, de vision et d'intelligence de jeu bien supérieures à la moyenne. En résumé, sur le terrain, comme en coulisses, la classe. L'exemplarité tout simplement.

Car Dieu est éternel. Dieu est un trait d'union. Entre les époques. Entre le Sainté d'antan où la fidélité aux couleurs était la règle et le Sainté d'aujourd'hui trop souvent pris pour un simple tremplin vers d'autres cieux. Entre Frédéric Antonetti, Christophe Galtier et Jean-Louis Gasset, grands entraîneurs ayant su chacun à leur manière nous porter haut de 2004 à 2019, durant ces quinze ans d'embellie durable, sorte de miracle en ces lieux.

Trait d'union entre la Ligue 2 et l'Europe. Entre Créteil, Rouen, Beauvais d'une part, l'Inter, Valence, Anderlecht et Manchester d'autre part. Dieu est un pas de géant entre le pathétique d'une fessée à Pierre-Brisson et l'homérique d'une victoire renversante au parc Astrid. Dieu est beau, Dieu est juste, Dieu est posé, Dieu est fort. Dieu est idéal. Dieu est l'Idéal. À tel point que Dieu fait tache dans l'univers du foot.

Son crépuscule semble entamé. Dieu s'est fait homme, et depuis ses trente-trois ans révolus, il nous est apparu soudain faillible. Avant que la vieillesse marque définitivement son naufrage, il a quitté les terrains, et chacun sait avec certitude que Dieu ne sera pas remplacé et, à ce titre, il sera vénéré éternellement.

Si Dieu avait été acteur, il aurait délogé sans ménagement Georges Clooney au hit-parade des séduisants grisonnants, s'il avait été tennisman, il aurait fait de l'ombre au solaire Roger Federer. S'il avait été un compromis idéal entre rocker et chanteur, il l'aurait fait avec autant de classe que Bashung. Dieu est superlatif.

What else ?

Trente millions d'amis

Écrasés l'un contre l'autre
nous ne formons qu'un seul corps[1]

_Édith Piaf

Approximativement, depuis la première fois où j'ai mis les pieds à Geoffroy-Guichard en 1979, ce sont trente millions de supporters qui ont fait, comme moi, l'expérience du Chaudron.

Le Chaudron, avec un C majuscule, s'il vous plaît. À l'heure où les marchands du temple débaptisent lamentablement les stades au mépris de leur histoire et au profit supposé d'une marque, quel autre stade en France est couramment appelé par son surnom ? Et quel surnom ! Un surnom comme une évidence, une marque indélébile, qui dit tout de l'histoire et de la réputation éternelle de ce lieu au-dessus duquel flotte une âme, *ad vitam aeternam.*

Je revois cette photo des années 1960 où Robert Herbin s'impose de la tête dans une verticale impressionnante face à un Sochalien. Son extension dans le ciel de Geoffroy est

1. « La Foule », 1957.

prolongée divinement par l'immense cheminée de l'imposante usine, derrière l'angle qui sépare les gradins Nord de la tribune Henri-Point. Les chaussures Suzy, l'eau minérale Parot et les ceintures Minousport accompagnent son exploit athlétique.

Aujourd'hui la tribune Henri-Point, agrandie en 1998, s'élève deux fois plus haut, la cheminée n'est plus, et Robert Herbin, a rejoint pour de bon le ciel de Geoffroy-Guichard. Tout a changé, tout s'est transformé, modernisé, et pourtant...

J'ai beau ne pas avoir assisté au match, lorsque je revois le résumé du Sainté-Kiev de 1976, je retrouve tous mes repères. Cette pelouse, l'inclinaison de cette tribune, l'angle de vue qu'offre telle place, le plaisir du spectacle debout, collé contre mes compagnons de tribune, unis les uns aux autres et pressés contre le grillage, les yeux rivés vers le vert éclatant ou terne du gazon, selon les saisons. L'odeur, forte, minérale, humide, rafraîchissante qui se dégage de la pelouse. La chaleur de la foule, même quand la température est négative, ce qui est si fréquent en ce lieu. Le bruit, incessant, le grondement enflant au gré des actions de jeu sur le terrain.

Je sais, tu sais, nous savons, ils savent ces trente millions d'amis quel bruit fait la colère, quel bruit fait la frustration, quel bruit fait l'ivresse, quel bruit fait l'ennui, quel bruit fait l'agacement, quel bruit fait l'espoir, quel bruit fait la haine, quel bruit fait la mort, même symbolique, quel bruit fait la sérénité, quel bruit fait l'humiliation, quel bruit fait la résurrection, quel bruit fait le recueillement.

C'est un endroit unique, où se sont accumulées comme des couches sédimentaires les sensations fortes de millions de spectateurs. C'est un lien indéfectible entre les générations, entre les continents, qui relie depuis bientôt quatre-vingt-dix ans tous les membres du peuple vert. C'est ici que chacun d'entre nous a vu naître et s'épanouir sa passion. Là que tout a commencé. On ne peut pas galvauder cela, au prétexte de modernisme ou de modèle économique. On ne peut imaginer faire disparaître cela d'un coup de pelleteuse. Geoffroy-Guichard est ce club. Ce club est GG. Le stade est un invariant du club, comme son nom, comme la couleur de son maillot. Il constitue son identité, il l'incarne.

L'ASSE ne serait plus la même ASSE sans Geoffroy-Guichard. Sans Geoffroy, plus de transmission de génération en génération. Plus de *Tu vois, j'étais à cette place le soir merveilleux de Split.* Plus de *Lors du terrible barrage retour contre le Racing, j'étais debout, dans les gradins Sud un peu en hauteur sur la droite, et j'ai vu pour la première fois un stade pleurer.* Plus de *C'est sur ses grillages trop rapidement escaladés sous la pression des CRS que j'ai laissé un bout de mon jean lors d'un envahissement de terrain pour célébrer la fessée infligée à ce même Racing deux ans plus tard.*

L'envahissement de terrain, cet autre particularisme vert. Comme ce soir de demi-finale de Coupe de France, le 5 mars 2020, une semaine précisément avant l'apocalypse Covid, où plus de 30 000 supporters se rendent dans le Chaudron, caressant encore l'illusion qu'une ivresse est possible. Il faut un savant mélange de passion et d'inconscience pour croire à un possible exploit au vu des échecs accumulés depuis trop de semaines par l'équipe.

Je prends néanmoins ce jeudi soir la route, escorté de mon fils et de l'idée qu'une demi-finale de coupe à domicile est une aubaine. Durant le trajet, nos discussions sont naturellement dédiées exclusivement au match. Sous l'épais manteau de pessimisme qui couvre notre moral respire encore le souvenir de matchs aussi mal emmanchés que notre demi-finale et pourtant si délicieusement conclus. Y a pas à chercher bien loin d'ailleurs. Le dernier derby à GG, abordé quelques mois plus tôt à une effrayante 20e place et arraché dans les dernières minutes de jeu par le si sympathique Robert Berić, est suffisamment frais dans nos mémoires pour que s'installe cette adrénaline propre aux heures précédant les grandes affiches.

Cette demi-finale, parce qu'elle est jouée dans le Chaudron, offre la promesse, en cas d'issue favorable, d'une liesse mémorable. Et si j'appuie sur l'accélérateur malgré les pénibles limitations de vitesse de cette sinueuse A47, c'est pour ne rien rater de l'avant-match en tribune. Martin, comme moi, sait le plaisir de s'installer une demi-heure avant le coup d'envoi pour observer l'échauffement et sentir la pression et l'ambiance enfler.

Je l'avais déjà amené à notre dernière demi-finale de Coupe, victorieuse contre Lille en 2013. Dans un Chaudron gelé, comme il sait l'être pour ces matchs de janvier, c'est au bout du suspense, d'une interminable séance de pénals et de la nuit que nous avions arraché notre billet pour le Stade de France. Ce soir, il fait moins froid mais les Verts ne gagnent plus un match, et ils sont opposés à Rennes, dont la dynamique et la progression dans la hiérarchie du foot français sont enfin constantes et solides. Bref, question certitudes, les deux clubs sont aux antipodes.

Et pourtant, à l'issue d'un match solide à défaut d'être génial, avec ce soupçon d'envie supplémentaire, les Verts finissent par décrocher la timbale. Et de quelle manière ! C'est par Boudebouz, à la 94e minute, que viendra l'explosion de joie. Ryad Boudebouz ! Le football a ses mystères et ses miracles. Le meneur de jeu aussi sympathique que franchement transparent – voire inutile – durant toute la saison aura su être au rendez-vous des deux seules extases vécues entre août et mars. C'est déjà lui qui avait joliment déposé le ballon sur la tête chercheuse de Berić lors du derby de l'automne.

Il est près de 23 heures, et tout Geoffroy explose sur sa frappe sèche, comme tout Geoffroy s'était gonflé d'espoir et de fierté peut-être deux secondes auparavant en contemplant la montée rageuse et totalement osvaldopiazzesque du jeune Saliba.

Spontanément, comme j'ai toujours adoré voir les joueurs anglais le faire, les Verts plongent célébrer le but dans les premiers rangs du kop Sud. Immense et joyeux désordre. Certains supporters entrent sur le terrain. Accolades, embrassades, doigts pointés vers le ciel et poings rageurs d'un côté. Bras en croix, corps allongés sur la pelouse de l'autre. L'étreinte entre Martin et moi est à la hauteur de notre joie, totale, sans la réserve qu'on ressent habituellement après certains buts en prenant conscience qu'il va falloir tenir le score, que le plus dur commence, que Fort Alamo est pour bientôt. Nous savons à cette seconde que le match est fini, plié, que l'arbitre va siffler dans la foulée. Je me grise au spectacle du public en folie, je me grise de la griserie de mon fils, qui voit les premiers supporters envahir la pelouse et veut suivre le mouvement. Il s'est fait opérer du genou il y a un peu plus d'un mois, et cela devrait imposer la prudence. Comme convaincu que le triomphe l'immunise de tous les dangers, il file enjamber les barrières pour aller sur la pelouse. Comment freiner son euphorie ? À mon âge, je n'ai plus l'élan spontané, naturel, irréfléchi pour ce type d'emportement. La raison dompterait le cœur si Martin n'était pas là. Mais la raison n'a rien à faire là, alors, j'y vais avec lui, bien sûr, mû aussi par cette idée, toujours profondément ancrée en moi, qu'il faut être acteur de cette liesse, contribuer à cette ivresse pour la rendre plus mémorable encore. Que nos élans soient massifs, que notre fièvre soit incomparable ! Que le monde du foot se pâme, encore et toujours !

Nous faisons nos premiers pas sur la pelouse, accompagnés, précédés, suivis par 5 000 ou 10 000 autres supporters, comment savoir ? Le premier réflexe, toujours, après quelques pas, est de se retourner pour contempler les tribunes, essayer de comprendre ce que ça fait, ce que ressentent les joueurs dans cette position, pendant quatre-vingt-dix minutes tous les quinze jours. Chercher à comprendre jusqu'à quel point cela peut donner des ailes ou au contraire lester les pieds. Du haut de ces tribunes, près d'un siècle d'histoire glorieuse vous contemple ! Je suis doublement heureux. De l'issue du match naturellement. La plus belle possible, avec ce but vainqueur dans les arrêts de jeu d'une demi-finale de coupe. Seul un scénario identique pour décrocher un titre aurait une saveur supérieure. Du bonheur qui irradie tout autour de moi bien entendu, et que je lis d'abord sur le visage de Martin. Je le sais, il s'en remplit des sachets de madeleines pour ses vieux jours. Il en accumule des cargaisons de *Quel pied on a pris ! Quelle ambiance de malade !* et autres *C'était juste unique !* qu'il partagera plus tard avec ses vieux potes, et puis avec ses enfants, comme on transmet un témoin, comme on perpétue un mythe.

J'ai en quelque sorte ce plaisir prétentieux de croire que j'ai contribué en l'amenant à renforcer l'exception stéphanoise, à préserver l'unicité du peuple vert par ailleurs menacé de banalisation, sinon d'extinction, par des résultats trop systématiquement quelconques.

Enfin, envahir cette pelouse, c'est symboliquement affirmer la puissance populaire incomparable du football d'abord, de ce club dans ce sport ensuite. Ces minutes disent tout du fossé qui sépare un spectacle, quel qu'il soit et quelle que soit sa beauté, d'un match des Verts dans le Chaudron. Hormis pour Mia Farrow dans *La Rose pourpre du Caire*, on n'a jamais vu un acteur sortir de l'écran pour discuter avec les spectateurs de son film. On a encore moins souvent vu un spectateur pénétrer dans l'écran pour venir féliciter les acteurs. Nos joueurs sont attrapés par des dizaines de mains, entourés, célébrés, touchés comme des dieux qu'ils peuvent être à nos yeux – ces rares instants où le bonheur qu'ils procurent au peuple est absolu. Le foot redevient alors ce qu'il ne devrait jamais cesser d'être : un sport éminemment populaire. L'émotion partagée des joueurs et des supporters est totalement sincère. Les premiers comme les seconds sont les mêmes enfants ayant pareillement joué au foot dans les cours de récré puis dans leurs clubs amateurs et ayant fait le même rêve secret d'un jour vivre cet instant.

Certains spectateurs montent sur la barre transversale de chaque cage, au point de la faire plier sous leur poids.

Il ne vient à personne l'idée de les en empêcher. Il n'y a rien à réprimer. C'est un débordement de joie, aucune violence ne saurait en naître. Chacun s'empresse d'immortaliser l'événement avec son téléphone. Je prends en photo ce petit filet que Boudebouz a fait visiter au ballon quelques minutes plus tôt. Beaucoup arrachent un bout de pelouse, en souvenir d'un match comme le supporter stéphanois sait qu'il n'en vivra pas plus de quatre ou cinq dans sa vie. Les chants, les courses, les sauts ne cessent pas. Les joueurs se sont regroupés près du tunnel d'accès aux vestiaires. Micro en main, ils s'improvisent *capo* pour lancer les chants de supporters. « Chalala lalalala, oh, Saint-Étienne... » Les joueurs jouent à être supporters, comme les supporters jouent à être joueurs en sprintant ou mimant un tacle glissé sur la pelouse. Tous ne font qu'un et rien n'est feint, rien n'est factice ou surjoué. Tout est sincère, leur émoi comme le nôtre. Il suffit pour s'en convaincre de voir l'interview de Boudebouz dans le vestiaire quelques minutes plus tard. Le paria devenu en une seconde héros a les yeux mouillés et des trémolos dans la voix. Il suffit pour s'en rendre pleinement compte de regarder quelques semaines plus tard un match de foot à huis clos à l'heure du Covid.

Chacun emporte dans la nuit, outre ses brins d'herbe, la certitude que rien n'est jamais définitif, et qu'au-delà de Sisyphe, la Grèce antique a probablement inventé le mythe du phénix uniquement pour ce club.

Le Chaudron a vu dix fois ce club renaître de ses cendres. Théâtre de multiples renaissances, il a évolué au gré des réfections rythmées par les compétitions internationales organisées en France : en 1984 pour l'Euro, en 1998 pour la Coupe du monde, en 2016 pour un nouvel Euro.

Tout a changé, les sièges d'un jaune aussi inapproprié en ces lieux que la relation d'un Président américain avec une stagiaire à la Maison-Blanche sont enfin en 2016 devenus verts. Chaque tribune s'est vue coiffée d'un étage supérieur.

Le panneau électronique d'affichage au-dessus de chaque but, parrainé par la fameuse bijouterie Cacard – dont l'une des filles se trouvait avec moi au lycée en première, preuve irréfutable que la petite histoire rejoint parfois la grande –, a d'abord discrètement évolué, permettant, au temps de mon adolescence, de faire défiler la composition des équipes – quelle innovation !! Puis ces panneaux disparurent, on inventa la couleur sur de grands écrans placés à deux des quatre angles du stade.

Des angles, oui dans lesquels étaient posés jusqu'au milieu des années 1980, juste en retrait de chaque poteau de corner, d'énormes cylindres comme des roues couchées. Probablement nés du délire d'un responsable marketing opérationnel qui ne portait pas encore ce titre ronflant, ils affichaient dans une lente rotation le nom de Manufrance puis plus tard celui de Géant Casino.

Au-dessus de ces cylindres, le vide des angles était obstrué par de grands panneaux publicitaires en 4 × 3, fixes ceux-là, et dont le caractère immuable était renforcé par l'identité du partenaire – on ne parlait pas de sponsors à l'époque – qui l'occupait à l'année, voire à la décennie : Casino, bien entendu.

Le stade a aussi perdu deux de ses symboles, dont l'abandon entre pour moi dans la catégorie regrets éternels :

d'abord les quatre pylônes immenses placés aux quatre angles du stade, qui, au-delà de leur fonction première d'éclairage du terrain, signalaient à toute la ville par leur hauteur et leur imposante lumière que le stade prenait vie, faisant ainsi office de phares guidant dans la nuit noire les supporters vers la Terre promise.

Après les pylônes en 1984, les angles ouverts disparurent à leur tour en 2016. La formule peut sembler étrange, après tout, comment le vide peut-il disparaître puisque par essence, il n'existait pas ? Laissons là cette interrogation plus devossienne que philosophique. L'angle ouvert s'efface, les quatre tribunes sont désormais reliées. Jusque-là, elles étaient bien distinctes. Jusque-là leur séparation faisait de ce stade un stade à l'anglaise. L'expression pourrait n'être qu'une rapide et froide description architecturale. C'était bien plus que cela. Évoquer le stade à l'anglaise, c'est aussitôt fermer les yeux, sentir la chaleur du peuple qui remplit le kop, c'est entendre la clameur continue, c'est ressentir la pression monter au rythme du ballon sur le terrain, c'est vivre l'amour d'une ville, ouvrière forcément, pour son club. C'est la passion, la fierté, la fidélité contre vents, marées et branlées.

Pour qui a quelques notions d'histoire du football et de ses supporters, parler de stade à l'anglaise c'est convoquer toute l'histoire d'un club. Évoquer les tribunes, c'est aussi dessiner la sociologie du public stéphanois.

À Geoffroy avant 2016, chacune des quatre tribunes portait le nom d'un dirigeant historique du club, chacune avait son public, plus ou moins fortuné, plus ou moins âgé, plus ou moins râleur, plus ou moins fidèle, plus ou moins bruyant. Chacune avait son tarif, chacune avait son taux de fréquentation.

Dans le plaisir qu'on prend à assister à un match des Verts dans le Chaudron, le choix de « sa » tribune compte. Jusqu'à un certain âge, on vient en kop pour s'enivrer, pour goûter à un plaisir presque transgressif, pour vivre un rite initiatique, pour faire l'expérience de la folie verte, pour goûter à l'hystérie collective, pour entonner *Stéphanois, Stéphanois, ouais !* bras dessus bras dessous avec ses voisins de gauche et droite en sautant frénétiquement – *une grecque* dans le jargon du supporter vert –, pour partager des accolades joyeuses avec des inconnus sur chaque but vert. Pour cette expérience unique, tellement à part dans nos sociétés cadrées, frileuses, où chacun se méfie de l'autre.

Plus tard, soit parce que Madame vous a formellement interdit d'amener votre fils *au milieu des fous*, ou parce que vous avez invité une connaissance que vous ne sentez pas exactement prête à *enculer les Marseillais*, vous vous offrez la meilleure vision possible de l'organisation des deux équipes, et choisissez le confort latéral d'un siège en Henri-Point.

Venir en Henri-Point, c'est vieillir, et l'accepter. C'est s'embourgeoiser. C'est s'asseoir, ne pas bouger, ressentir le froid qu'on ignorait debout en kop. C'est savourer les plans de jeu respectifs, constater, navré, les alignements incertains des défenses. C'est également accepter l'idée de partager le match avec les plus anciens, ceux qui ont connu la belle époque, et vous servent de l'agaçant *C'était mieux avant* à tout bout de match. C'est entendre des sifflets contre ses propres joueurs. C'est commencer à reprendre un chant, et s'apercevoir, gêné, que personne ne suit. C'est se lever sur une action et comprendre qu'il faut vite se rasseoir sous peine d'être réprimandé. Si on embrasse son voisin en kop, en HP, on le maudit, parfois.

Et puis il y a la tribune Pierre-Faurand. En face d'Henri-Point. Historiquement la petite tribune d'honneur. Celle des dirigeants, celle sous laquelle passe le tunnel d'entrée des joueurs sur la pelouse. Pierre-Faurand, c'est une autre forme d'embourgeoisement. À l'opposé de l'embourgeoisement enraciné, de l'embourgeoisement progressif, de l'embourgeoisement fidèle d'Henri-Point. Si l'accent stéphanois est omniprésent en HP, il s'entend moins dans cette tribune à la pente vertigineuse. Très rarement remplie, si ce n'est pour le derby, Marseille ou Paris, c'est la tribune la moins vivante du stade. La tribune des touristes, venus là parce qu'on leur offre la place, ou parce qu'ils ont les moyens de s'offrir une affiche clinquante, ou même parce qu'ils supportent notre adversaire. C'est la tribune des loges, celle qui vous offrira une vue sur le gratin, qui vous permettra de voir les joueurs blessés venus assister au match avec leur compagne : *Dis donc, en vrai, Loïc, il fait plus mince qu'à la télé, non ?*

Les angles sont désormais fermés par quatre bouts de tribunes, appendices douteux sur notre beau stade. Comme quatre cales triangulaires disgracieuses, la pointe en bas, qu'on aurait posées là pour empêcher les tribunes de bouger. Trop petits ces angles, trop impersonnels, si proches du kop mais plus vraiment dedans, même collés à lui. Pas vraiment en latérale non plus, même s'ils la prolongent.

Ils sont dans un entre-deux, auquel personne n'a envie de s'attacher. On est abonné en kop, en Jean-Snella supérieure, en Henri-Point. On n'est pas abonné en Angle.

D'ailleurs, le club sans doute conscient de l'aspect verrue desdits angles n'a pas osé leur donner de nom, à ces tristes boursouflures. Quel grand joueur du passé se sentirait flatté qu'on baptise un angle de son nom ? À moins que, dans un rafraîchissant élan d'autodérision, on décide de les appeler tribune Molnar, tribune Fellahi, tribune Slavkov et tribune Mazure.

Mais ils sont là, ces angles. Et pour longtemps. Alors on y cantonne, comme pour les punir, les supporters du club visiteur. Et pour le reste, seuls les soirs de grands matchs permettent de voir autre chose que trois taches vertes, sans cohérence et sans vie. On ne les choisit que par défaut, ces tribunes. On n'achète jamais spontanément, porté par un élan, une place dans un angle, mais plutôt parce qu'on y est contraint faute de place ailleurs, ou par souci d'économie. C'est d'une de ces cales que j'ai assisté au terrible coup de poignard du derby perdu dans les arrêts de jeu en janvier 2019. Ce coup d'œil dans le rétroviseur permet de valider ma théorie : ce sont vraiment des angles morts.

Au-delà de ces deux pertes, un symbole historique du Chaudron a résisté aux ravages de la modernité et du tout sécuritaire : les tribunes debout. Certes leur capacité a diminué de près de moitié, faisant disparaître cette expérience mythique mêlant compression et mouvement perpétuel subi, que représentait un match dans le kop plein. Néanmoins, les fondamentaux sont restés : faire le choix du kop, c'est faire le choix de passer deux heures ou plus debout, d'être acteur du spectacle, de contribuer au bruit et à la fureur, d'aller chercher les trois points, d'avoir œuvré à la victoire.

C'est accepter une vision déséquilibrée du match, très bonne sur un but, réduite sur l'autre. C'est voir parfaitement venir le danger sur un but, et comprendre avec une demi-seconde de décalage qu'il arrive sur l'autre. C'est aider à pousser le ballon au fond sur un but, et avoir une perception imparfaite du danger sur l'autre. C'est deviner à l'avance qu'on va marquer d'un côté, s'inquiéter à tort ou être désagréablement surpris de l'autre.

Le kop fait la part belle à l'impression, à la sensation, à l'émotion. On y ressent plus qu'ailleurs. On y vit, on y chante, on y saute, on y crie, on y conspue, on y pleure. On en sort lessivé. Et on en garde un souvenir impressionniste et exponentiel du match.

À l'extérieur

La force décuplée des perdants[1]

_Alain Bashung

21 janvier 1998. La France n'est pas encore championne du monde. Les Verts ne sont pas encore morts. Mais leur état est critique. Ils sont 16e… en division 2, donc sous la menace d'une relégation en championnat National, ce qui représenterait à la fois le comble de l'humiliation et la probable mort du club.

Notre foi reste pourtant inébranlable comme l'atteste notre présence, mon pote Fred et moi-même, en ce mercredi glacial au Stade de l'Aube à Troyes.

L'histoire verte ne retiendra rien de ce match quelconque. Moi, je retiens tout. L'angoisse et la fierté, le froid et le bonheur.

La fierté amusée face à ce gardien du stade, probablement bénévole, jouant à la perfection sa partition de légionnaire romain effrayé en voyant débarquer une horde de… deux supporters verts, lui qui garde en mémoire l'invasion verte

1. « Comme un Lego », *Bleu pétrole*, 2008.

en ces mêmes lieux la saison précédente, et dont le regard trahit la crainte autant que l'admiration. Et j'adore ça.

La fierté est le sentiment qui prévaut, celui qui résume le plus parfaitement ma relation aux déplacements, car elle en constitue le premier moteur et ensuite parce qu'elle s'en nourrit tout autant : ce sentiment, profondément ancré en moi, a largement été alimenté par mes virées loin de Sainté, en particulier à nos pires périodes de médiocrité au fond de la division 2. Même dans ces instants terribles où nous portions notre croix à encourager les joueurs bien quelconques d'une équipe si laborieuse, la mobilisation des supporters stéphanois restait exceptionnelle.

Ces virées au bout de l'ego, j'en ai plein mon armoire à souvenirs. Supporter son équipe à l'extérieur revêt à mes yeux une saveur très particulière, très différente de celle d'un match à domicile. Porter les couleurs vertes en terre ennemie, c'est affirmer son identité, sa spécificité de supporter stéphanois. C'est le sentiment grisant de perpétuer l'idée que si la gloire sportive passe, l'engouement reste. Et qu'à la fin, une autre forme de gloire, plus durable, plus estimable, naît de cette passion qui ne se dément pas.

Sainté reste les Verts, ce club unique, du fait de son palmarès certes, mais plus encore de son public. Et si l'un peut sembler empoussiéré par des décennies de résultats quelconques, l'autre est toujours aussi fidèle et bruyant.

Ce club, devenu celui de toute la France au mitan des années 1970, le reste plus que tout autre grâce à la fois à la présence de supporters aux fameux quatre coins (*sic*) de l'Hexagone mais aussi par la transhumance bimensuelle des noyaux durs de nos groupes de supporters. Les deux phénomènes conjugués garantissent à la fois le remplissage du parcage visiteurs et la présence en nombre de supporters verts dans les tribunes latérales des stades visités. De là le *Partout, Toujours* peint sur les drapeaux des Magic Fans et des Green Angels.

L'exemple le plus spectaculaire de cet amour hexagonal pour les Verts a longtemps été le déplacement annuel au Parc des Princes. Dans les années 1980, il ne me semblait pas exagéré de considérer, et de m'en enorgueillir, que les Verts étaient le premier club supporté à Paris, ce qui se matérialisait clairement à l'écoute des multiplex radio. Lorsque l'envoyé spécial au Parc prenait l'antenne, c'était de vibrants *Allez, les Verts* qui couvraient ses commentaires.

Pour la transhumance des supporters, la plus impressionnante qu'il m'a été donné de savourer fut celle de ce soir de clôture de championnat, le 28 mai 2005 au stade Louis-II à Monaco. Notre déplacement sur le Rocher, dans l'euphorie d'un printemps éclatant, dans l'élan d'une magnifique fin de saison qui nous voyait tutoyer les sommets, fut la démonstration massive, débordante et excessive de la passion d'un peuple pour son club.

Ce soir-là, je colonise, nous colonisons Louis-II, et si l'issue sportive de cette virée est bien hypothétique, j'ai au moins la certitude et la fierté en gonflant les rangs des supporters en déplacement d'accomplir un acte quasi citoyen : je perpétue le mythe, je prolonge l'histoire, je toise la petite Ligue 1 du haut de ma véritable et incomparable passion. Je m'y rends aussi avec à l'esprit l'idée de chasser définitivement le fantôme de 2001 – ce funeste déplacement à Monaco qui vira du magique au tragique, de l'euphorie à l'accablement.

En mai 2005, comme nous l'avions déjà joliment réalisé en 1999, nous enchaînons remontée et retrouvailles accomplies avec l'élite. L'ultime journée de ce nouveau retour en Ligue 1 se dispute en principauté et les Verts ne jouent rien moins que l'Europe. Même saison, même soleil, même invasion du Rocher par le peuple vert, mais perspective tout autre qu'en 2001. Ce n'est pas unis et rendus encore plus solidaires par la peur que nous débarquons, c'est tout aussi soudés mais surtout habités par l'esprit de conquête. Monaco est certes 3e, mais une victoire pourrait nous faire grimper à la 4e place et renouer avec notre amour de jeunesse : l'Europe.

Autre changement majeur par rapport à 2001, je suis deux fois père de famille. Martin vient d'avoir quatre ans, Chloé n'a pas encore un an, et Steph est restée avec eux à Paris. C'est donc dans un format plus classique, avec une vingtaine de potes venus de partout, qu'on se retrouve au bord de la grande bleue. La virée entre copains, agrémentée des plaisirs régressifs de meute. Ça s'enivre, ça chante, ça prend le soleil sur la plage, ça monte délicieusement en pression. Le stade est vert comme en 2001. Le match démarre sans round d'observation : très vite, Julien Sablé répond au but monégasque. Comme un symbole, Juju, l'homme qui est descendu, qui est resté au club malgré son statut de jeune espoir prometteur et les sollicitations qui vont avec, qui a souffert, qui a pris des claques à Beauvais et contre Gueugnon, et qui sait mieux que quiconque ce soir que tout cela, oui, tout cela en valait vraiment la peine.

Les Verts jouent, les Verts affichent une envie supérieure, portés par un public vibrant. Les groupes de supporters, comme pour se convaincre qu'un tel engouement force toujours le destin, affichent leur confiance au pied du virage réservé aux visiteurs : *Vous avez gravi des montagnes, il ne vous reste plus qu'un rocher.* Il ne leur manquera rien à nos Verts pour décrocher cette victoire dans les arrêts de jeu, rien qu'un peu d'adresse de Piquionne qui ne trouve que le petit filet. L'histoire aurait été si belle...

Après avoir chaudement célébré les joueurs pour l'ensemble de leur œuvre, après avoir longtemps attendu que les stadiers veuillent bien nous délivrer, nous quittons le stade, à la fois un peu déçus et très fiers. À défaut d'Europe par la grande porte, nous sommes qualifiés pour la défunte Coupe Intertoto – dont il serait bon que l'inventeur un jour fasse contrition pour cette appellation si ridicule. Avec aussi, accrochée à l'âme, façon sparadrap du capitaine Haddock, cette idée que même au cœur de nos plus beaux accomplissements, comme une tache qui ne part pas au lavage, persiste un fond de malédiction.

Mais avec Fred, Thierry, Stéphane et les autres, il ne nous vient pas à l'idée de nous séparer sur ce glorieux et frustrant match nul. Même si minuit approche, il faut étirer la journée, retenir encore la nuit. Ce ne sera pas à Monaco : pour qui n'est pas encarté, qui n'a pas ses entrées, il n'y a pas de vie nocturne possible en principauté.

La décision est donc vite prise : cap à l'Ouest. La mal nommée baie des Anges, que j'ai quittée onze ans plus tôt sans regret après trois années d'études, offre malgré tout aux noctambules d'honnêtes perspectives. À défaut d'être réellement plus accueillant que Monaco, Nice propose un cadre moins artificiel, un peu plus de vie, et des charmes à la fois plus authentiques et accessibles. Le vieux Nice est objectivement magnifique, et nous y trouvons rapidement une terrasse pour un grignotage nocturne.

Alors qu'une heure a déjà passé et que nous ressassons les mêmes regrets en nous refaisant le film du match, un jeune homme débouche dans l'étroite rue piétonne. Ayant probablement repéré mon tee-shirt dont le dos vert est sans équivoque, il se met, au moment où il arrive à notre hauteur, à entamer un chant de supporter stéphanois. Aussitôt, dans un réflexe pavlovien, toute la tablée, ravie de ce renfort inattendu, reprend de concert le chant en question.

Notre surprise est totale quand immédiatement après le garçon, à peine vingt ans, prend un ton hostile et nous interroge :

— *Vous êtes des Magic Fans ? Des Green Angels ?*

Nous avons à peine le temps de répondre qu'il poursuit son interrogatoire :

— *Vous êtes venus en Peugeot J9 ?*

Surpris plus qu'inquiets, nous balbutions une réponse qui n'a pas l'air de le satisfaire. Nous commençons à comprendre qu'on a affaire à un supporter niçois.

— *Qu'est-ce que vous faites chez nous à venir manger notre socca ?!*

Le ton est devenu menaçant. Puis, il s'interrompt brutalement et s'éclipse. Nous échangeons, amusés, sur cette apparition un peu surréaliste. Comment, seul, face à une dizaine de supporters, a-t-il osé nous défier ? Le ridicule de ses questions nous offre une bonne tranche de rigolade. Mais un doute nous saisit très vite. Son départ précipité, son excitation manifeste... Il est tard. Nous avons fini de manger. Peut-être serait-il plus prudent de ne pas traîner. Nous terminons nos verres, payons l'addition et levons le camp quelques minutes plus tard. Le vieux Nice est quasi désert à cette heure avancée. Ses ruelles étroites en font un véritable labyrinthe. Pas réellement inquiets, nous devisons sur la bêtise crasse de ce type de supporters. Que peut justifier une telle haine ? Sainté n'a pas affronté Nice mais Monaco. Pourquoi cette animosité ? L'un de nous sur un ton plus amusé que craintif lance :

— *T'imagines si ça se trouve, il va appeler ses potes pour venir en découdre !*

Le vieux Nice n'est pas grand. Il ne nous faut pas plus de cinq minutes pour le quitter par sa partie ouest qui s'ouvre sur l'imposante place Masséna. Au moment même où nous sortons du labyrinthe, nous repérons à 100 mètres de nous, plus à l'est, notre jeune excité accompagné d'une quinzaine d'acolytes qui y pénètrent… L'occasion pour nous de ressentir à quel point, même rétrospective, la peur est un sentiment qui pénètre le corps autant que l'âme.

Au-delà de ce type d'épisode regrettable, mais heureusement rare, supporter les Verts à l'extérieur a toujours eu pour moi un excitant goût d'aventure. Nous partions, potes, petite(s) amie(s), frère, à trois ou quatre pour une ville souvent inconnue, portés par la fierté de démontrer que la passion verte est à nulle autre pareille, grisés par ce sentiment que nous étions le petit ruisseau de la grande rivière qu'était le déplacement en masse du peuple vert. Et que cette spectaculaire démonstration de fidélité imposait la crainte ou l'admiration – dans tous les cas le respect du public du club visité.

Ce déplacement souvent anticipé vers la ville hôte était aussi l'occasion de s'adonner au plaisir des discussions durant des heures avec mes compagnons de voyage. Durant le trajet en voiture d'abord, démarré en milieu de matinée lorsque le match avait lieu le samedi soir. Puis, une fois dans la place, nous choisissions un restaurant sympa avant d'aller visiter une attraction locale, un musée, une église, avec dans un coin de notre tête ce sentiment si agréable de passer un bon moment, sachant que le meilleur nous attendait plus tard.

La journée avançant, l'adrénaline montait gentiment jusqu'au moment sacré du départ vers le stade.

À Nice, Monaco, Auxerre, Metz, Rennes, Lyon, Paris bien entendu, mais aussi à Caen, Laval, Beauvais, Amiens, Le Mans, Sedan, Reims, Troyes, Saint-Ouen, Créteil... Qu'importe le pedigree de l'adversaire, la qualité de l'affiche, et l'importance de l'enjeu sportif, le souvenir est aussi fort à Duvauchelle qu'au Parc.

Si ma mémoire a totalement effacé certains matchs à GG, elle a précieusement conservé les traces de chacune de mes virées à l'extérieur.

Lorsque le résultat est négatif, il imprime d'autant plus ma mémoire que nous restons après le coup de sifflet final consignés dans notre tribune, ces parcages inconfortables et grillagés, d'abord à subir les quolibets et insultes d'un public trop heureux de nous narguer, puis dans le calme et le désert du stade vidé. Après au moins une demi-heure d'une pénible attente à chercher des explications ou des coupables à notre contre-performance en pensant au pensum que sera notre trajet retour entre fatigue et abattement, enfin le service de sécurité totalement indifférent à notre peine consent à nous libérer. Dans ce cas, l'aventure est alors une épreuve, un crash test pour notre passion.

Inversement, toute victoire à l'extérieur est à nos yeux un exploit. Car elle est statistiquement rare, bien entendu. Car elle a surtout le goût de la conquête, de l'épopée dans ce qu'elle a supposé d'organisation en amont – échanger toute la semaine avec les potentiels candidats à cette virée, fixer des rendez-vous, un point de départ, réserver un hôtel –, dans ce qu'elle recèle de découvertes – une ville, un stade, un public –, dans ce qu'elle contient d'euphorie collective – passer toute la journée ou tout le week-end en immersion à ne parler que de ça.

Nous nous sommes offert une dégustation prolongée de l'avant-match. Le triomphe du soir est alors le parfait aboutissement de ces longues journées d'attente et d'excitation mêlées.

L'impression enivrante de conquête est toujours décuplée par l'intime conviction d'y avoir pris une part active. Malgré la fatigue des retours nocturnes, nous nous souvenons avec fierté des fanfaronnades lancées quelques heures auparavant, dans le froid du petit matin, debout, appuyés contre la voiture en attendant les retardataires : *Ce soir, on ramène les 3 points* et sa variante *On vient, on gagne, et on repart.*

On est tous ego

Et partout dans la rue
J'veux qu'on parle de moi[1]

_Daniel Balavoine

Et si tout cela n'était en fait qu'une question d'ego, de fierté, de celle qui nous amène à toiser l'autre du haut de notre mépris, à lever haut le front, à mesurer et comparer la longueur de nos… palmarès ?

Bataille d'ego, comme toujours entre les hommes.

Cette fierté, depuis mes premiers émois verts jusqu'à aujourd'hui, a toujours et invariablement été flattée par les unes que consacre la presse nationale à Sainté. Parlez de nous en bien, en mal, mais parlez de nous, et démontrez par là que Sainté fait vendre, que Sainté remue les foules, que Sainté reste unique.

Que *Le Progrès* ou *Loire Matin* parle des Verts n'avait rien d'exceptionnel. La presse régionale, c'est dans son cahier des charges, doit relater la vie du club local. Même si j'en dévorais tous les articles comme on mange son pain

1. « Le chanteur », *Le Chanteur*, 1978.

quotidien, je ne trouvais dans cette livraison régulière nulle raison de me gargariser. Cette presse ne faisait là que remplir son devoir en contant, jusqu'aux détails les plus insignifiants, la vie de mon club. En revanche, que *L'Équipe* ou *France Football* nous consacre un article, ou encore mieux sa une, là c'était dans mon esprit un accès immédiat à la reconnaissance nationale. La portée était tout autre. Il s'agissait d'un choix éditorial. C'était à mes yeux un événement exceptionnel au sens premier du terme, car l'époque bénie où les Verts trustaient quasi systématiquement les couvertures des journaux était hélas révolue. Les rares fois où cela se produisait avaient donc d'autant plus de valeur à mes yeux.

Il y avait d'un côté le vin de table, consommé chaque jour autant par besoin que par automatisme, et de l'autre le grand cru dégusté avec délices les soirs de fête. Tout contribuait à ce grand écart. Tout, y compris le jugement de mon père que j'avais entendu tant de fois se lamenter des erreurs d'orthographe et autres fautes de syntaxe du *Progrès* – qu'il lisait pourtant longuement dans son éternel fauteuil vert, rituel immuable précédant le déjeuner pendant que maman s'affairait en cuisine – tout en prenant soin d'ajouter que les articles de *L'Équipe*, en revanche, étaient *bien écrits*.

Une précision qu'il n'avait pas manqué d'apporter à Mme Sabatier, ma prof de français de seconde, lors d'une réunion de parents. Celle-ci, brossant un tableau relativement quelconque de mes performances, avait néanmoins cru bon de me complimenter sur mon style et avait interrogé mon père sur un éventuel lien avec mes lectures.

Toute flatterie étant à ses yeux un crime qui ne pouvait rester impuni, tout compliment se devant d'être relativisé, mon paternel s'était empressé de la refroidir, lui répondant du tac au tac que je ne lisais que *L'Équipe*. Considérant par ailleurs que le double statut de femme et de professeur de français rendait Mme Sabatier certainement étrangère au sport, il avait cru bon d'ajouter : *Vous savez que les articles sont pas mal écrits ?*

Comment lui donner tort ? À peine sorti de mon addiction à *Picsou Magazine* et pas encore fasciné par les romans de Boris Vian, j'étais dans un entre-deux idiot que seules *Les Tuniques bleues* et *L'Équipe* avaient su combler. Ignorant probablement tout des aventures du caporal Blutch et du sergent Chesterfield, mon père s'était donc contenté de cette explication laconique. Il fallait pour mes études que je lise *Bel-Ami*, je devais me coltiner *Le Père Goriot*, mais ce qui mobilisait de plus en plus mon attention, et bientôt mon argent de poche, c'était *L'Équipe*.

Depuis mon adolescence jusqu'à aujourd'hui, jamais, donc, je n'ai su résister à l'appel d'une couv' verte. Ma fierté en redemande. Je sais d'expérience que je n'apprendrai rien dans ces pages que je tournerai fébrilement. Parfois même, j'achète le journal pour y relire un article dont l'essentiel a déjà fuité sur les forums. Qu'importe, acheter, c'est valider le choix éditorial, c'est contribuer à gonfler les ventes d'un numéro parlant des Verts, c'est donc pérenniser la légende. L'absence d'information nouvelle est sans importance puisque j'y recherche avant tout ce plaisir inégalable d'y lire les mêmes savoureuses tartes à la crème : ce public fabuleux, cette passion incomparable, ce Chaudron inflammable, toutes ces choses qui me confortent dans l'idée de l'unicité de mon club, de l'exception stéphanoise, du peuple vert élu.

En rembobinant, je me souviens de ce premier shoot de fierté par presse interposée : sans doute tout cela est-il né ce mercredi 17 avril 1985, au lendemain de l'enivrante qualification en Coupe de France contre Lens célébrée dans *L'Équipe* d'un vibrant *Saint-Étienne, c'est fou !* en lettres capitales.

Ce n'était qu'un huitième de finale retour de Coupe de France, nous n'étions alors qu'en division 2, mais comment résister à cette une dont le chapeau démarrait par *Devant une assistance record (plus de 46 000 spectateurs payants)* illustrée d'une photo – Sanchez et Castaneda à la fin du match partageant leur joie avec les supporters ayant envahi la pelouse – dont la légende finissait par un délicieux et homérique : *C'est reparti comme il y a dix ans.*

Si le succès fut marquant, cette une du lendemain tenait parfaitement la promesse d'étirer le bonheur de la veille, au point que ma mémoire associe aujourd'hui à parts égales le poids du match et celui de ses retombées médiatiques dans la joie procurée par cette performance de Ribar, Milla and Co. La fierté, moteur essentiel du supporter, naîtrait donc autant de l'écho donné à une performance que de la performance elle-même.

La fierté est également au cœur de mon rapport à la Coupe d'Europe. Vingt-six longues, trop longues, années séparent notre dernière qualification européenne du XXe siècle, obtenue par Platoche and Co en 1982 – je n'avais pas encore onze ans – de la première du XXIe siècle obtenue par Perrin,

Dernis, Féfé et Gomis en 2008. Plus d'une génération sans Coupe d'Europe à Sainté, anomalie historique à laquelle j'avais fini par m'habituer. Au duel des proverbes, je me résignais à croire qu'« On ne peut pas être et avoir été » l'emportait sur « Les grands clubs ne meurent jamais ».

Combien de fois au cœur des années sombres ai-je pensé : *Ah, le jour où on rejouera l'Europe, le plaisir dépassera tout ce qu'on peut imaginer...* en me rendant compte aussitôt à chaque fois que cette idée relevait de la pure chimère, car ce plaisir dont on s'était tant gavé jadis était désormais réservé à d'autres ? Comme si une divinité supérieure du football avait décidé de répartir équitablement le prestige. Et que notre temps était passé. Définitivement.

Et donc, enfin, ce magnifique retour sur la scène européenne en 2008, un soir de triomphe, 4-0 contre Monaco dans un Chaudron incandescent. Et cette fierté aussitôt réveillée, puis renforcée depuis par toutes nos qualifications européennes contemporaines qui attestent que l'histoire n'est pas finie, que les Verts sont toujours là, qu'il n'y aurait pas, n'en déplaise à Jacques Vendroux, les vrais Verts d'un côté, ceux de l'épopée, et les autres qui seraient des faux verts, des sous-verts indignes de revêtir ce mythique maillot.

Comme pour confirmer tout ce que j'ai toujours la prétention folle de me laisser aller à croire au sujet de l'exception verte, la connexion, même vingt-six ans après, fut immédiate. Les Verts retrouvaient l'Europe en 2008 et, même à la peine en championnat, ils entretenaient merveilleusement la légende : « Nous, on joue au football et on n'a pas de frontières. » Les Verts filaient brillamment jusqu'en huitième de finale après un parcours de dix matchs et une seule défaite. Valence, Bruges, l'Olympiakos et le Werder Brême, entre autres, pouvaient en témoigner : les Verts étaient bel et bien de retour.

Nous jouons depuis régulièrement l'Europe et même sans y briller particulièrement, c'est pour moi à chaque fois comme la garantie d'une saison plus exaltante, une extension des possibles, une extra-ball d'émotions. L'Europe est grande. Elle m'offre à la fois le frisson du voyage, l'horizon élargi, la promesse d'une aventure. Et l'excitation de l'affiche.

Cette sensation délicieuse s'installe dès la fin du championnat au moment où, encore sans certitude absolue, on entrevoit la possibilité de la qualification. Déjà les scénarios s'ébauchent, les adversaires potentiels se profilent, les virées exotiques se dessinent. Une fois la qualification enfin scellée, le premier cadeau que celle-ci nous offre est la possibilité de rompre la monotonie des longues trêves estivales en affinant les pronostics sur les adversaires possibles, issus des autres championnats européens.

L'Europe, c'est déjà voyager en pensée en imaginant que cette équipe amatrice irlandaise qui passe fin juin un premier tour préliminaire serait une fabuleuse destination pour une virée entre amis en septembre. C'est déjà apercevoir le pub en centre-ville, c'est déjà sympathiser avec les habitants de la ville ravis de voir débarquer des Frenchies. C'est également fantasmer sur le « gros » que le tirage au sort nous offrira dans le Chaudron. Milan, Manchester, voire, sommets virtuels d'émotion, un retour à Liverpool ou Glasgow.

Parce qu'être européen, c'est décrocher un ticket d'entrée au club des *happy few*. C'est s'asseoir à la table du Real, du Bayern, de la Juve et de Liverpool. C'est réduire le fossé entre le football du quotidien, celui qui nous est accessible, qu'on touche du doigt chaque samedi, et celui que les médias nous vendent comme plus prestigieux, celui qui fait rêver les enfants, celui qui contribue au prestige sportif de la nation. C'est être dans le saint des saints. C'est être à Woodstock avec Hendrix et les Who. À Wembley avec Queen et Bowie. À la table des grands.

C'est débarquer à 10 000 à San Siro en 2014, c'est imposer les chants verts dans tout Old Trafford en 2017 et lire le lendemain sur la toile et dans la presse que les supporters mancuniens nous décernent le titre de meilleur public européen.

C'est rappeler à ceux qui auraient oublié Hampden Park en 1976 ou Anfield en 1977 qu'il y a en France une vraie ville de foot, un club à part avec une histoire et une passion uniques. C'est remettre Sainté sur la carte et en informer l'Europe entière.

C'est l'excitation de l'organisation d'un déplacement, prendre un train pour Paris, être à cinq minutes de rater un avion pour Oslo. Y faire escale une nuit avant un autre avion pour Trondheim – au diable mes angoisses aériennes ! C'est l'exotisme d'un pays inconnu où le froid et les flocons accompagnent la nuit qui tombe dès 2 heures de l'après-midi. C'est rejoindre les trois cents Stéphanois qui ont fait le déplacement. Oui, *on sera toujours là*. C'est assister à un match moyen, et s'en foutre royalement. Ce malin de Romain a obtenu le penalty en forme de cerise pour arracher contre Rosenborg le nul qui nous qualifie officiellement pour goûter le gâteau du tour suivant. Tout est réuni pour ne rien gâcher.

Je termine le séjour seul, à arpenter la cathédrale de Nidaros, la forteresse de Kristiansten, le Musée d'art moderne désert de bon matin, dans cette petite ville du centre de la Norvège que seuls les Verts – et les billets d'avion offerts par mon frère, idéal cadeau d'anniversaire – pouvaient m'amener à découvrir. J'emporte des images et souvenirs rien qu'à moi. Je rentre surtout ivre de cette impression d'être allé au bout de l'Europe pour être un acteur de la qualification, perpétuer un mythe, étirer la légende, et en tirer une fierté folle.

Saint-Étienne, Coupe d'Europe ! reprennent les kops pour célébrer chaque qualification. Tout est dit de cette relation si particulière entre Sainté et l'Europe. C'est simple. C'est final !

Nuit à mes nuits

Sans compter les absents qui me reviennent dans mes nuits,
J'ai quelquefois des vivants qui me donnent des insomnies[1]

_Barbara

Le derby s'achève. Les Verts sont premiers, mon état, second.

Flash-back : l'adrénaline, comme la neige sur mes hauts plateaux de Haute-Loire, s'invite, se répand, puis recouvre tout et enfin s'accumule en couches successives. D'abord quelques flocons d'excitation qui virevoltent un jour, sans prévenir. Je ne les ai pas vues venir ces premières pensées où affleure l'appréhension. Nous sommes encore à deux mois de l'échéance. Trop de matchs bien sûr nous séparent du jour J pour qu'il m'obsède déjà. Ce n'est alors qu'une impression ressentie ponctuellement, éparse encore à quelques semaines du match. Une piqûre de rappel, un éveil. *Tiens, le derby, c'est dans à peine deux mois*, me dis-je.

C'est une première vague que ma raison saura contenir. Telle une digue repoussant le stress, elle a développé le

1. « Les insomnies », *Seule*, 1981.

réflexe d'analyser le calendrier, les matchs entourant le derby pour chaque équipe, afin d'identifier si le contexte a, ou non, des chances d'être favorable à l'un ou l'autre des deux protagonistes. Ainsi la présence d'un match de Coupe d'Europe pour *les Vilains* trois ou quatre jours avant le derby m'invitera au fantasme de l'excès de fatigue, de la blessure inopinée qui pourrait diminuer l'adversaire honni. Mon esprit toujours aussi prompt à imaginer toutes les voies possibles qui mènent à l'affrontement se réjouira aussi de savoir que le match précédant le derby est une grosse affiche pour l'adversaire, susceptible d'y laisser des plumes encore, un ou deux joueurs blessés ou suspendus, par exemple.

Puis lentement mais sûrement, à deux semaines de l'échéance, elle a tout recouvert, l'adrénaline. Le trouble initial est devenu excitation, puis l'excitation a muté. Voilà l'embrasement, qui montera avant la transe ou l'anéantissement. L'enfièvrement installe son camp de base au cœur de mes nuits.

Le derby, non content d'avoir transformé mes pensées diurnes en zone occupée, fait désormais le siège de mes songes nocturnes. Il a envahi cet espace qui précède immédiatement mes nuits, ces minutes d'avant sommeil où le cerveau est en théorie supposé se débrancher. Déjà se font et se défont tous les scénarios possibles. Les degrés de forme respective s'affinent, sont plus nets, et je les imagine moins renversables. Le derby n'a pas encore pénétré en zone libre, mais il est inutile de lutter, il viendra sans égard peupler mes rêves.

Lorsqu'enfin arrive la dernière semaine, qui commence à l'instant exact où le coup de sifflet final du match précédent retentit, la dérisoire barrière supposée freiner l'avancée de l'occupant cède. Morphée capitule face à la progression implacable de l'ennemi-derby.

Place aux rêves. Les scénarios qu'ils mettent en scène présentent invariablement deux mêmes caractéristiques : des impressions parfaitement réalistes, car bien connues pour avoir déjà été ressenties, et des contours toujours fantaisistes. Ainsi sur l'échelle des sentiments, l'anxiété, la colère, la honte ou le bonheur s'invitent dans mes derbys nocturnes. Et au moment du réveil me reste, immanquablement pendant quelques minutes, la trace des émotions traversées pendant ces drôles de rêves.

Curieux derby auquel je prends une part active, étant à la fois sur le terrain, joueur souvent performant d'ailleurs, et vivant en même temps les émois du supporter que je suis. Au bilan de mes rêves, après quelques décennies, je peux affirmer avec fierté que les Verts sont largement devant au nombre des victoires. Un peu comme dans la vraie vie, ce magnifique soir de septembre 2010. Les Verts abordent le derby avec au cœur un mélange rare, fait de confiance incongrue et de crainte. La crainte pavlovienne prend sa source dans le poids déprimant des années : tout incite à aborder le derby avec à l'esprit le fatalisme, voire la résignation née de la pénible succession de camouflets sportifs et de coups fourrés. Tant de dominations indépassables, tant de décisions arbitrales et arbitraires. Notre dernière victoire remonte à dix-sept ans, et ce chiffre est au-delà de l'anomalie, un affront à notre histoire. Mais que peut-elle notre histoire face à la logique de la domination financière et sportive ?

Au mépris de tout cela, la confiance joue des coudes et se fraye un chemin en cette fin d'été, car l'insupportable rapport de force s'est momentanément inversé. Les Verts mènent le bal de la Ligue 1, et les Lyonnais sont à fond de cale. Résumé, cela donne un savoureux *Rendez-nous notre 17e place* affiché sur une banderole par nos ultras, dans un trait d'humour qui les grandit, alliant l'autodérision au chambrage de l'ennemi.

Le matin de ce 25 septembre 2010, dès potron-minet – sans doute se lève-t-on toujours tôt les matins de grande conquête –, je file acheter *L'Équipe*. La découverte de la une où s'affiche un savoureux *Qui c'est les plus forts ?* avec Michel Bastos et Dimitri Payet se défiant du regard, dope encore plus, si c'est possible, mon excitation et gonfle mon orgueil vert. Je mesure à quel point la journée s'annonce longue et bien difficile à occuper dès lors que mon esprit est accaparé à 100 % par le match du soir. Ce journal maîtrise décidément comme personne l'art de faire monter la sauce. Sans lutter, je cède à l'envie de voir en ce titre un hommage à notre prestige éternel. Je repense alors à ces années passées à scander, rythmer, tambouriner ce *Qui c'est les plus forts ? Évidemment, les Verts !!* en rentrant de l'école, arrivé devant la porte de la maison, pendant que je sonnais frénétiquement pour qu'on m'ouvre ; lorsque des années plus tard je frappais le matin à la porte de la chambre de mon fils pour le réveiller ; lorsque, encore au seuil de la cinquantaine, les soirs de victoire, je reprends à coups de klaxon, de concert avec le peuple vert, ce mythique refrain en m'éloignant de Geoffroy-Guichard.

Je m'interroge encore aujourd'hui sur la suite que *L'Équipe* aurait donnée dimanche si les Verts n'avaient pas gagné ce centième derby et enfoncé par là même encore plus Lyon. Le quotidien aurait-il osé jeter un indécent *Évidemment, c'est Lyon ?* L'affront aurait-il succédé à l'hommage pour signifier l'officialisation définitive de l'inversement du rapport de force ? Mais ce dimanche matin, c'est *Évidemment, c'est les Verts !* qui barre la une du quotidien sportif au-dessus d'une photo de mes héros sprintant vers un coin du terrain pour célébrer le but de Dimitri Payet.

Je pense inévitablement à cette « force décuplée des perdants » que chantait magnifiquement Bashung dans son ultime album. La force décuplée des joueurs, la fierté retrouvée des supporters.

Cette une que j'ai figée pour l'éternité sous cadre dans la chambre de mon fils afin qu'il n'oublie pas, les soirs de vent contraire, pourquoi il supporte cette équipe, je la contemple encore aujourd'hui avec un éternel sourire niais et la larme à l'œil. Mais quelle nuit avant de la découvrir, cette une ! J'en passai une grande partie d'ailleurs à imaginer les titres du lendemain. Quels mots allaient être utilisés ? Seront-ils à la hauteur de l'ivresse ressentie ? Découvrir ces mots de bon matin sera une manière de la prolonger. Le bonheur apparaît si fort qu'on a envie de le fixer, le figer, étirer la nuit et retarder la redescente de l'euphorie qui s'ensuivra. Envie de crier, de célébrer avec mes potes de virées et d'obsession vertes qui, à Sainté, à Paris ou ailleurs, traversent probablement les mêmes délicieux instants. Regret d'avoir laissé mon fils et ses huit ans à la maison. J'aurais tant aimé qu'on se saute dans les bras sur le but, et au coup de sifflet final. Je sais que l'étreinte aurait été mémorable. J'en ferai l'expérience plus tard à Geoffroy. Je sais qu'il a également vibré, tant on se l'est raconté dans les moindres détails, de retour à la maison.

Je m'endors, ou plutôt ne m'endors pas en prenant conscience que l'extase est totale. L'attente fut si longue que le plaisir en est décuplé. Je les aime, tous, les quatorze héros de ce jour unique. Les yeux fermés, allongé dans mon lit, je revois les images du match, et j'en revis les émotions. Cette explosion si forte sur l'exceptionnel coup franc de Payet. Cette intenable tension pendant les vingt minutes de siège sur nos buts qui suivirent – ces poteaux, ces barres, ces arrêts miraculeux – à se dire en son for intérieur, mais sans oser y croire vraiment, qu'il ne peut rien nous arriver ce soir. Cette joie, à en trembler de tout mon corps au coup de sifflet final, cette reconnaissance, cet amour même en suivant du regard Guilavogui, jeune soldat vert boitant bas tant il aura payé de sa personne pour, durant ces affreusement longues minutes, conserver ce petit but, ce pion jouissif qui fait toute la différence, qui sépare la solide performance du moment d'histoire, le match accompli du sommet sportif. Ce plaisir, debout dans cette tribune latérale de Gerland, à contempler et savourer l'hystérie qui s'est emparée de notre kop à l'autre bout du stade, à droite du virage sud, ce plaisir aussi à me faire bousculer par des supporters adverses admettant mal l'affront qui leur est fait et l'expressivité mal contenue de ma joie. Le tremblement de terre était immense, ses répliques sont fortes :

je vibre en différé, les moments de stress comme de joie sont trop frais pour que leur effet soit totalement dissipé. Je savoure cette victoire en forme de hold-up, m'extasie devant ces trois sauvetages sur notre ligne par un Payet décidément historique ce soir-là, m'amuse à me dire que la roue du destin, vraiment, manifestement, voulait tourner. Je ne peux pas dormir et c'est une sensation si rare et si douce de n'en avoir rien à foutre. Qu'importe la fatigue du lendemain, quand l'insomnie est heureuse. Plénitude.

Coitus interruptus

Elle était son calmant, son alcool profond
Comme elle est partie, attention, Jimmy tourne pas rond[1]

_Alain Souchon

Le football est un immeuble où bonheur et détresse habitent le même palier. Leur nom n'est pas indiqué sur la porte, il faut frapper et souhaiter que le hasard nous ait à la bonne.

Lorsque ce n'est pas le cas, l'expérience reste notre seule et dérisoire meilleure alliée. Elle voudrait nous convaincre de relativiser. Elle nous rappelle qu'on a été capable à froid de se dire que c'est seulement le charme du foot, ou sa cruauté, c'est selon, et que nous connaissons très bien tout cela pour l'avoir déjà vécu.

Mais à chaud... Dans ces moments précis où on y croit vraiment, où les obstacles semblent passés, où notre crainte de tout perdre s'estompe en apercevant si proche la ligne d'arrivée, quand soudain le bonheur entrevu traîtreusement se défile, alors les jurons viennent en déluge, les coups de

1. « La ballade de Jim », *C'est comme vous voulez*, 1985.

pied font valser les fauteuils, les téléphones font exploser les écrans…

Tout réside dans ces secondes qui consacrent les vainqueurs et anéantissent les losers. Ce sont ces buts coup de poignard. La douleur est immédiate et immense. Je n'en connais pas de plus intense pour un supporter. Elle est proportionnelle à l'importance du match et à la cruauté, ou plutôt à l'injustice, du scénario.

C'est Debuchy qui en avril 2018 dévie dans les buts de Ruffier un centre pourtant destiné à personne dans ce match contre le QSG (Qatar Saint-Germain), qu'on menait 1-0 jusqu'à cette maudite 92e minute. Certes, tel le roseau de la fable, nous pliâmes, mais hélas, le parallèle s'arrête là. La cruauté est un pêle-mêle de bonheurs qui nous filent entre les doigts. Le bonheur de taper le leader du championnat, d'être un des seuls à y parvenir, et ainsi de marquer les esprits, de prendre la lumière médiatique, de faire le premier titre au journal de minuit ce dimanche soir, de faire un pas dont on pressent sur le coup, et la suite le démontrera qu'il aurait été décisif pour la qualification européenne. Le désarroi est en proportion, forcément, dès qu'on comprend à côté de quoi on est passé. La cruauté se nourrit également du sentiment d'injustice : Paris égalise dans un match qu'on a eu tant de fois l'occasion de plier. C'est d'avoir entrevu le bonheur, imaginé toutes ses déclinaisons, fantasmé toutes ses répliques, et de le voir nous tourner le dos qui génèrent cette immense frustration.

Mais que dire alors, qu'écrire sur ce derby de novembre 2013 perdu dans le Chaudron sur cette tête tardive du si mal nommé Briand ? Maudite 93e minute où Max Gradel se retrouve au marquage du presque mais pas encore totalement paralytique Gourcuff. Un crochet puis un centre plus tard, l'envie de vomir, de tout arracher, de hurler ma douleur, d'avancer l'horloge du temps d'une semaine, le temps qu'il faudra pour que la peine soit ouatée, adoucie, recouverte par l'écume des jours.

Et où placer dans ce panthéon inversé cette terrible élimination à Bâle ? Bâle tragique, Bâle perdu, tous les jeux de mots à 10 Bâle n'empêcheront pas des années plus tard, en se refaisant le film, de ressentir à l'identique cette terrible douleur. La plaie se rouvre automatiquement en évoquant Mouss à son top, capable de gestes décisifs, comme cette reprise du talon pour enfin égaliser. Nous voilà qualifiés par la grâce du colosse de Gorée, Moustapha Bayal Sall. L'ex-mal-aimé que je me suis toujours enorgueilli d'avoir défendu contre une *vox populi* verte l'ayant trop vite condamné. Mouss est un soldat de l'ombre. Il est solide, il est parfaitement complémentaire de Dieu-Perrin. Et il a l'étoffe des gagnants, les rares qui savent se sublimer dans les grandes occasions. Il élève son niveau quand on l'attend. Il s'avance quand le contexte et l'enjeu supposent de ne pas se cacher, il bombe le torse et en impose dans ces instants où on a besoin de leaders. Comme lors de ce derby du bonheur remporté 3-0 avec ce magnifique coup de boule sur corner pour ouvrir le score. Comme lors de la réception de l'Inter Milan lorsqu'il égalisa. Comme donc ce soir-là, pour aller arracher ce but qui change tout. Qui aurait dû tout changer. Putain de bordel de merde.

La cruauté bien entendu réside là aussi dans le prestige de l'affiche. Un match retour de Coupe d'Europe pour retrouver les huitièmes de finale, sept ans après le Werder Brême. Ce qui distingue ce coup de poignard des autres, ce qui le place au-dessus de ses collègues de déprime, c'est l'enchaînement des émotions, façon montagnes russes, ressenties ce soir-là. D'abord cette pénible et longue attente après le but trop vite encaissé, au quart d'heure de jeu. Il suffirait pourtant d'un seul pion pour passer de l'enfer au paradis. Mais notre domination est stérile, et même si on connaît trop bien le football et la fameuse et glorieuse incertitude du sport pour avoir perdu tout espoir, à la 89e minute c'est peu dire que je voyais se poindre la sortie de route et son cortège d'idées noires. L'instant que choisit Mouss pour monter et rester dans la surface, comme le font parfois les défenseurs centraux quand, perdu pour perdu, ils décident pour quelques minutes d'apporter un surnombre. C'est dans sa vie de footeux, sa carrière de tour de défense engoncée dans les strictes consignes, contraint par les dix commandements du défenseur central – ton attaquant tu ne lâcheras pas, de monter de concert avec tes défenseurs pour jouer le hors-jeu tu n'oublieras pas, de relancer dans l'axe tu éviteras, sur corner uniquement tu monteras –, son instant de vraie liberté.

Le moment où, de joueur de devoir conditionné pour détruire, contrer, défendre, annihiler, protéger, stopper, tacler, devancer, t'arracher, dégager le plus loin possible, balancer un coup d'épaule, t'accrocher au joueur adverse, t'appuyer sur son dos, tirer le maillot, tenir le bras, tu redeviens l'enfant qui aimait le foot pour ce qui nous le rend à tous si aimable, sur les terrains en terre de Gorée comme sur le goudron de ceux de handball à Sainté : la liberté de tenter, oser, suivre son envie, surprendre un adversaire et vivre le bonheur ultime de marquer.

Il restait quelques minutes, donc, et te voilà dans la surface bâloise à dévier ce centre de l'extérieur du pied, inspiration géniale digne des plus grands attaquants, et tu piques un sprint, irradiant de bonheur, vers le parcage stéphanois, comme si tu nous avais offert la Ligue des champions. Comme je l'étais à dix ans dans ma cour de récré, après avoir marqué ce but du milieu de terrain, d'une belle frappe du coup de pied, les plus faciles, mais pas les moins spectaculaires, une frappe soudaine, forte, sous la barre. La même joie, enfantine, du buteur, le même plaisir, immense, universel, qu'on ressent pareillement qu'on gagne un million d'euros par semaine ou qu'on soit en culottes courtes dans la cour d'école. Et j'exulte avec toi ce soir-là, grâce à toi, Mouss, immense Mouss. Devant ma télé, malgré mon euphorie, je tente en vain de calmer l'hystérie de mon fils, essayant pendant quelques secondes de lui dire que ce n'était pas fini, qu'il fallait réserver la danse de Saint-Guy au bonheur certain, à celui qu'on goûterait pleinement après le coup de sifflet final, seulement à ce moment-là. C'est court trois minutes. Et tellement long. Mais non, son bonheur est trop fort pour envisager le pire, son expérience trop maigre pour imaginer l'impensable. Sa sarabande ne s'arrête pas... jusqu'à cette 91e minute. Et cet ascenseur émotionnel paroxystique provoqué par le but suisse. Après le long, morne et triste calvaire, après le paradis euphorisant durant deux minutes vient donc enfin l'enfer total, absolu, irrémédiable. Nuit, jour… Nuit.

Et il y a une 94e minute, aussi terrible, à vous hanter pareillement pendant des nuits, et pourtant d'une souffrance bien différente ce soir de février 2019. Les Verts viennent trois jours plus tôt, en fin de match, d'estoquer notre autre meilleur ennemi, Marseille, avec un but splendide dans un Chaudron chavirant de bonheur. Le vertige vient du fait rare, jamais vu, que se présente ce dimanche Lyon, encore à GG, et que nous avons le plaisir immense de les contempler dans notre rétroviseur. Oh de peu, de si peu. Nous sommes 3e et eux 4e, mais à ce stade de la saison, plus de la moitié du championnat étant passée, les battre nous apporterait tout : une revanche sur l'horrible affrontement précédent en ces lieux – le 0-5 de sinistre mémoire –, un statut de favori pour le podium, un enchaînement unique de victoires, d'extases si fortes et si rapprochées contre nos deux ennemis héréditaires. C'est une promesse de plénitude, une porte ouverte sur le bonheur absolu.

Nous frapperions un vrai grand coup en l'emportant. Le genre de coups qui génère souvent pour les Verts – l'expérience l'a prouvé – des dynamiques au long cours. L'occasion est belle, si belle que le public s'est massé comme jamais depuis sa reconstruction dans un Geoffroy en tenue de gala. Record de spectateurs, et première mi-temps qui, malgré mon incapacité à envisager avec légèreté sinon optimisme cette confrontation – panthère échaudée craint, elle aussi, l'eau froide –, rend l'exploit presque envisageable. Les piliers, les vieux de la vieille, Perrin, Monnet-Paquet,

Hamouma ou Ruffier, démontrent encore une fois qu'ils connaissent les ingrédients à verser dans le Chaudron pour un derby réussi. Nous menons à la mi-temps, et si nous savons que quarante-cinq minutes durent parfois une éternité, que la souffrance sera au rendez-vous, l'arithmétique est quand même là pour glisser quelques gouttes d'optimisme dans un océan d'inquiétude. 1-0 à la mi-temps, c'est mieux que 0-0 en début de match certes, mais plus on entrevoit le bonheur, plus la peur de le perdre augmente, bien évidemment.

Et ce fatalisme, toujours bien accroché en toile de fond, ce cœur marqué au fer rouge, trop souvent malmené par les cruels scénarios des dernières années pour oser envisager ne serait-ce qu'une seconde une deuxième mi-temps sereine et un dénouement heureux. La maladresse, la boulette malencontreuse d'un de nos joueurs, le talent et la motivation exacerbée de l'ennemi juré, le coup de pouce arbitral… Je sais tout des ingrédients des désillusions passées et n'ignore donc aucune de ces menaces potentielles, trop nombreuses hélas, pour que mon espoir, forcément présent, sinon je ne serais pas là à crier, à applaudir, à chanter, soit autre chose qu'une pénible souffrance.

Ce soir-là, distinctement, grandit progressivement en moi la conscience d'un décalage entre le public dans son ensemble, dans sa masse rugissante, dans son excitation euphorisante, et moi dans mon appréhension douloureuse, lourde, m'empêchant de savourer l'instant. Jusqu'au paroxysme de ces dernières minutes irrespirables où je déplore cette lucidité qui ne me quitte pas, cette lucidité qui me fait entrevoir clairement l'issue des débats, qui me martèle encore et toujours que tout est écrit. Ce syndrome du *Et voilà... j'vous l'avais dit, putain !*

Je vous l'avais dit que ces occasions de faire le break inexplicablement caviardées se paieraient, que ce match, cet adversaire, ce contexte sont de ceux qui implacablement punissent ceux qui n'ont pas su saisir les opportunités d'achever la bête blessée. Cette lucidité qui exclut de ma part toute insouciance, tout aveuglement, tout optimisme, en vérité – et je devrais un jour en tirer les foutues conclusions qui s'imposent –, m'interdit toute once de plaisir dans ces moments.

On les a malmenés, on leur a mis un genou à terre, mais un coup de sifflet sévère, injuste évidemment, les a ramenés dans le match. Une main de leur gardien est restée ferme. Une de nos frappes a manqué de conviction. Un plat du pied de notre attaquant fut mal ajusté et la sanction, fatalement, finit par tomber, accréditant la thèse de la malédiction. Comme le veut l'insupportable tradition, elle tombe au bout du bout des arrêts de jeu pour être la plus irrémédiable et cruelle possible.

Quelques instants auparavant, le public rugissait inexplicablement et inconsciemment de plaisir et d'envie à la 90e minute à l'annonce des cinq minutes de temps additionnel, comme pour exhorter nos troupes à porter l'estocade, asséner le coup fatal. Les fous ! N'ont-ils donc pas souvenir des blessures passées, des plaies si longues à cicatriser, du crochet de Gourcuff sur Max Gradel en 2013, de cette faute coupable de Varrault à 25 mètres en 2008 et du coup franc imparable qui s'ensuivit, de ce contre fatal de Govou en 2004 ? À chaque fois dans les arrêts de jeu, à chaque fois dans le Chaudron soudain glacé. J'en passe et des plus douloureux encore. Quelle sorte d'amnésie s'empare du public pour négliger ces si cruels précédents et ne pas craindre un énième bégaiement de l'histoire ? Cette clameur m'est incompréhensible, moi dont les yeux bientôt humides voient, hélas, si clair. Moi dont l'esprit est hanté par les fantômes de ces derbys passés. Moi dont le cœur est torturé par vingt minutes *fortalamesques* sur nos buts. Bien sûr, malgré ce ballon trop abandonné à l'adversaire, nous avons eu de belles occasions de rafler le gros lot, bien sûr, malgré ces passes redoublées à 30 mètres de nos buts, nous avons contré avec énergie et maintenu par intermittence la menace, bien sûr, malgré ces centres répétés, ces corners accumulés, nous avons tenu grâce à leur maladresse conjuguée à nos interventions défensives. Bien sûr, le bilan des occasions reste équilibré, et la justice serait que les deux équipes en restent là, sur ce score de parité. Bien sûr.

Jusqu'à cette impensable dernière minute, cette inexplicable faute de jeunesse de nos trentenaires. Une sortie de but que Ruff joue si vite, et si courte pour Kolo à gauche de notre surface. Kolo, épuisé et à bout de souffle, dont la relance ou plutôt le dégagement est imprécis, poussif, et le ballon à peine levé ne fait pas 15 mètres. Comme une copie inversée du scud ginolien de 1993 contre la Bulgarie. Cet enchaînement est celui d'une équipe amateur que trois divisions séparent d'un club de Ligue 1. Oui, tout respire l'amateurisme dans la conception comme dans la réalisation de cette coupable action. Comment Ruff n'a-t-il pas compris qu'il fallait prendre son temps, qu'un point permettait de rester devant l'ennemi et préserver l'essentiel, l'honneur et la suprématie dans le championnat ? Pourquoi donc a-t-il préféré jouer vite et court plutôt que d'éloigner le danger ? Comment n'a-t-il pas senti que nous étions au bord de la rupture ? Et pourquoi, même fatigué, Kolo n'a-t-il pas su envoyer, certes imprécisément mais loin, très loin, le cuir, histoire de gagner quelques secondes et laisser le temps à nos défenseurs de se replacer, à nos milieux de harceler le porteur du ballon ? Bref, leur donner le temps de faire un pressing intelligent. À défaut de savoir conserver un ballon, au moins s'arranger pour contenir encore le danger, juste quelques secondes. C'est pas le bout du monde, si ?

Si. Voilà. Deux ou trois secondes à peine se passent, et le mal, immense, terrible, est fait. Cette souffrance-là, c'est celle du scénario écrit à l'avance, qu'on craint plus que tout de voir rejoué, et qui se déroule sous nos yeux. La douleur du *J'vous l'avais dit* prémonitoire.

J'enrage, shoote dans le siège de devant, sentant si précisément la pointe du poignard qu'on me plante à l'instant dans le dos, pendant que Perrin, Dieu le sage, le calme et, toujours pondéré Dieu, explose de rage dans sa surface face au terrible gâchis et à l'invraisemblable amateurisme, face aux consignes zappées par Ruff, face à l'immense perte que constitue ce maudit pion. Perrin, capitaine abandonné, qui sait mieux que quiconque l'impact de cette action, car il mesure mieux que personne l'importance extrême du résultat de CE match pour avoir vécu les retours triomphants à L'Étrat en pleine nuit comme les insupportables silences de fin de match quand l'abattement étouffe les cris et les pleurs. Perrin sort instantanément, exceptionnellement, de ses gonds.

Colère puis désolation s'installent et règnent sur les tribunes. Ensuite, l'envie de fuir comme si on pouvait un peu échapper à la déprime en désertant vite le lieu du crime. Pauvre illusion. Les quelques centaines de mètres qui nous séparent de la voiture sont pour certains, comme mon fils ce soir-là, parcourus en silence tant la sidération s'est imposée, quand pour d'autres comme moi, le besoin de parler, d'exprimer la douleur, pour l'exfiltrer un peu, est plus fort. Me voilà répétant bêtement que ce n'est pas possible, que c'est insupportable, et revisitant chaque seconde de l'action fatale pour identifier tous les moments qui auraient pu, qui auraient dû, inverser le cours des choses. Si Ruff avait pris son temps, si Kolo avait dégagé loin, si son dégagement hasardeux avait atterri dans des pieds verts, si le Vilain n'avait pas cherché tout de suite à centrer, s'il n'avait sous l'effet de la fatigue pas su lever son ballon, si Perrin avait sauté un peu plus haut sur le centre, si Ruff avait sorti un dernier arrêt salvateur dont il a le secret. L'échec n'est qu'une suite de hasards malheureux, de ratés apparemment anodins pris individuellement mais criminels à ce moment-là par leur simple enchaînement et par leur conséquence irrémédiable. L'équation d'un but, selon le théorème de Platoche, n'est autre que la conjonction de gestes ratés d'un côté et réussis de l'autre.

Ces moments sont prévisibles, ces sensations déjà vécues sont connues par cœur et, pour autant, tout cela est toujours aussi pénible. Rien dans mon supporterisme n'est plus inhumain que ce moment précis. « Inhumain », le mot est bien entendu ridicule, j'en ai conscience, lorsqu'on parle du résultat d'un club de foot. C'est pourtant la triste, la pathétique réalité.

Certaines personnes croient que le football est une question de vie ou de mort, écoutez-moi : c'est bien plus important que cela, disait Bill Shankly.

Cycle de l'humeur

C'est dur aujourd'hui peut-être
Demain ça sera vachement mieux[1]

_Jacques Higelin

Le foot est plus grand que la vie. Rien n'y est jamais irrémédiable. Nulle mort n'y est jamais définitive. L'éternité offerte sur une pelouse.

Septembre 2019, les Verts sont en train de vaciller. Leur saison démarrée par une victoire se poursuit depuis un mois sur une alternance inquiétante de nuls et de défaites, desquels il a toujours été possible, malgré la déception, de déceler, sans trop de mauvaise foi, quelques raisons d'espérer des lendemains plus souriants.

N'empêche, à la veille de ce déplacement à Angers, je prends conscience qu'il serait bon de chasser les doutes et le spectre d'une crise. Voilà ce qu'on appelle un match charnière, un tournant.

À la mi-temps, sifflée alors que les Verts mènent 1-0, je ne déborde pas de confiance, certes, mais j'entrevois le

1. « Aujourd'hui la crise », *Alertez les bébés !*, 1976.

redressement, la fin du cauchemar avant même qu'il ait réellement démarré.

Quarante-cinq minutes et quatre buts dans les filets de Ruff plus tard, j'ai deux certitudes : les Verts sont nuls, certes, mais ça ne durera pas. Le fond du trou n'est pas atteint, mais on s'en approche dangereusement. Et je sais par expérience qu'apercevoir le fond du trou, c'est déjà entrevoir le début du renouveau.

Si les hommes passent, si les supporters trépassent, les grands clubs ne meurent jamais, *On a vu souvent rejaillir le feu de l'ancien volcan qu'on croyait trop vieux*... Ouais... Faudrait quand même en toucher deux mots aux supporters de Nottingham Forest, heureux vainqueurs en 1979 et 1980 de la Coupe des clubs champions et en quête désespérée et vaine depuis plus de dix ans d'un retour en première division anglaise.

Délaissons l'exception pour nous attarder sur la règle. Les Verts sont montés un tout petit peu moins haut, la faute à ces maudits poteaux, mais ils sont tombés moins bas. N'empêche, la défaite du samedi soir ou du dimanche après-midi consommée, il faut la digérer. Selon qu'elle soit cruelle et subie face à un ennemi éternel ou méritée et sans conséquence sportive majeure, cela prendra une journée ou un mois. Oui, un mois, lorsque le scénario et l'identité de l'adversaire – auxquels s'ajoute un chambrage intensif de ses supporters – se conjuguent perfidement pour nous faire vivre un enfer durable. Mais ce cas reste mineur.

La digestion, sauf exception, se fait assez naturellement au rythme qu'impose le calendrier des matchs. Son processus m'est familier et déroule toujours le même enchaînement :

se succèdent la colère, l'abattement, la déprime – à doses variables selon le scénario de la défaite. Parfois même vient s'inviter l'ironie, juste dans le petit espace-temps qui sépare la colère de l'abattement. Comme ultime rempart dérisoire à la douleur qui s'installera forcément, elle vient à mon secours. Comme à son habitude, cet après-midi à Angers, après le quatrième pion encaissé, elle n'attend pas la fin du match : *Allez, vous êtes trop nuls, super… Tiens, un cinquième, peut-être ?* Elle vient là avec ses remèdes de grand-mère : il faut se moquer d'eux pour se donner l'illusion qu'on s'en moque. Tu parles… Si ce réflexe d'autoprotection est humain, il est en revanche totalement improductif. Cette phrase qu'on lance par dépit amoureux, cette compagne habituelle des résultats réellement humiliants, chasse très inefficacement l'amertume et n'empêche pas l'abattement de s'installer.

Et la nuit qui suit est impitoyable. Dans mon lit, pas de fuite possible, pas de musique à écouter, pas d'enfant à gronder, pas de film à regarder, pas de réunion à animer. Aucun dérivatif. Tête-à-tête absolu avec la douleur. Il est illusoire d'imaginer penser à autre chose. La force de la souffrance est telle qu'elle fait barrage à toute pensée concurrente. Aucun moyen de faire diversion. Le menu est imposé : idées noires à volonté. Seule la façon de les assaisonner est à ma main. J'inspecte le passé pour me rassurer sur la courbe de décroissance de la douleur, je scrute l'avenir pour chercher le prochain enjeu qui viendra recouvrir la douleur. Dans un tel état de nerfs, Morphée sait le combat perdu. Le sommeil se refuse à moi, je revis le match contre mon gré à coups de *Et si…* Et chaque *Et si…*

est un nouveau tour de couteau dans la plaie. En proportion de l'émotion vécue pendant quatre-vingt-dix minutes, le cerveau me repasse sans pitié tous les tournants du match, tous ces ballons perdus, ces passes mal assurées, ces fautes évitables, ces interventions approximatives, ces occasions manquées, ces coups de sifflet plus arbitraires qu'arbitraux, qui ont précipité, façon battement d'ailes du papillon, notre chute injuste, forcément injuste. C'est dans ces instants de désarroi que prolifèrent les boucs émissaires, ces joueurs stigmatisés car associés à la douleur et donc responsables, abusivement sans doute, mais totalement responsables.

Prendre conscience que tout cela passe, que ces moments sont aussi éphémères que pénibles, est le seul remède. Prendre un peu de hauteur, analyser, comprendre, maîtriser ce cycle, ce fameux cycle. Il m'est désormais familier. J'en ai tiré une certaine sagesse. On vit mieux avec la douleur dès lors qu'on en connaît les symptômes, le niveau d'intensité, mais aussi les limites dans le temps. Dès lors qu'on la maîtrise sans pour autant être en mesure de la réduire. Je souffre. Je sais pourquoi, je sais comment, je sais combien de temps. Je sais que je suis impuissant face à la douleur de la défaite, mais je sais qu'elle passera. Le cycle est clair, sa chronologie parfaitement établie : la colère vive, à crier, à balancer des coups de latte dans tout ce qui passe, à jeter tout ce qu'on a sous la main, s'estompe doucement au profit de la déprime, à ne pas dormir, qui, elle aussi, s'atténue progressivement après une durée ne dépassant guère vingt-quatre heures pour laisser la place à un blues lancinant, omniprésent donc pénible, mais une douleur diluée par rapport aux premiers instants. Diluée par la vie qui ne s'arrête pas, diluée ensuite, quelques jours après, par l'espoir qui revient, comme la flamme de ces bougies d'anniversaire magiques qu'on croit avoir éteintes mais qui se rallument obstinément.

Il y a toujours un autre match. Un autre enjeu. Une occasion de se relever. De bomber le torse de nouveau. De retrouver le camp des vainqueurs, ce club privé dont on espère que le vigile ne nous en interdise pas l'accès, cette fois-ci.

La passion fait de nous un peuple sans raison, ont peint les ultras sur les rambardes de la nationale 88. Sans raison et sans issue, serais-je tenté d'ajouter. Sans issue, comme *la vie des sens* qu'évoqua un jour Gainsbourg, inspiré par Bossuet et écrivant puis chantant pour *Anna qu'elle n'est qu'un mouvement à la fois alternatif et perpétuel, qui va de l'appétit au dégoût et du dégoût à l'appétit, de l'appétit au dégoût et du dégoût à l'appétit.* De la même façon ma passion verte, en apparence totalement incomparable, suit pourtant le même type de mouvement : de la déprime à l'espoir et de l'espoir à la déprime. L'essence du supporter étant la déception, il est des moments où on voudrait avoir la force de renoncer, le courage d'aller décrocher l'indifférence, ce Graal inaccessible. Blindez-moi tout cela, que je devienne indifférent. Aidez-moi à m'en foutre, à m'en cogner royalement, à oublier enfin cet ascenseur émotionnel que chacun d'entre nous ne connaît que trop bien. Celui qui nous conduit à nous voir trop beaux au miroir déformant des soirs de triomphe et si nazes ces nuits de défaite. Invariablement l'ivresse décime. Et, inexorablement, j'y retourne comme Brel à sa Mathilde qu'il maudit autant qu'il la chérit.

Trouvez-moi le truc, que l'on m'aide à ne plus vivre, ou à défaut, moins douloureusement, le traumatisme d'un soir d'Europe à Bâle... Ah, si Roux au niveau de la ligne médiane avait gêné le premier centreur ; ah, si, sur ce dégagement de la tête de Sall, Hamouma avait réellement cherché à récupérer le ballon à 35 mètres de nos buts ; ah, si Cohade avait freiné la progression du milieu adverse laissé si facilement libre par Hamouma, et empêché son ouverture sur l'aile ; ah, si KTC, sur son aile droite, n'avait pas laissé son vis-à-vis contrôler en pleine surface, lever la tête et ajuster tranquillement son centre ; ah, si le centre n'était pas arrivé à l'angle des 6 mètres sur un joueur totalement abandonné par Tabanou ; ah, si Sall ou Clément, toujours aux 6 mètres, mais cette fois-ci face au but, avaient eu la bonne idée d'être à moins de 2 mètres de l'attaquant adverse... Ah, si Ruff avait su sortir l'arrêt réflexe dont on parlerait encore, des trémolos dans la voix, comme du deuxième geste magique de la qualif après le but de Mouss...

Le jeu demande faute, a toujours dit maître Platoche. Saint Platoche. Il a trop bien été entendu, le jeu, ce soir-là.

La nuit d'après est un supplice. Les interrogations sont aussi nombreuses que douloureuses et tournent sans fin dans ma tête. Ces heures à chercher le sommeil s'imposent probablement comme la torture la plus terrible pour moi, tant tout paraît alors absolu, et rien n'est relatif. Je suis seul face à ces idées noires, sans compagnon de déprime avec qui partager ma peine, tenter de diviser ma tarte au chagrin en plusieurs parts pour un peu, juste un peu, la réduire.

Et puis, éphémère délivrance, le sommeil enfin s'impose au bout de la nuit, aussi inévitablement qu'une équipe physiquement supérieure le fait en toute fin de match, face à un adversaire épuisé.

Il est court et agité ce sommeil. Et si peu réparateur. Il précède un réveil immédiatement douloureux, car la première pensée nous ramène au match, ravive la déception. Le cerveau n'a pas eu le temps ni la force de faire place nette, comme après une soirée trop arrosée, les cadavres de bouteilles traînent encore partout. Il faut accepter de se lever avec cette tristesse au cœur, compagne fidèle les lendemains de défaite. Pas le choix. *Show must go on*, disait Mercury qui, avec son *We Are the Champions*, a juste écrit la BO complète des émotions du supporter.

Néanmoins, si la douleur est la même, la colère s'est quelque peu atténuée. Déjà dans un premier réflexe de survie, quelque chose comme l'énergie du désespoir peut-être, je parviens à entrouvrir la lourde porte qui donne sur le futur. C'est infime encore. Juste par petites touches, par pensées brèves, j'en viens à envisager le prochain match, ce qu'il peut receler d'espoir de redressement. Prendre trois points dans trois jours aidera, c'est certain, à entrevoir un avenir à défaut d'oublier ce sale match de la veille.

S'il n'est pas de saison sans déception, et sans au moins deux ou trois cataclysmes moraux, il n'y a pas non plus de saison sans rémission, sans redressement, même furtif, sans fenêtre d'espoir sur la cour des naufrages. Alors, le cœur ou le cerveau ou les deux associés font leur œuvre pour envisager l'hypothèse douce et ouatée d'une victoire prochaine. Ce ne sont que de furtives pensées mais elles parsèment la déprime dominicale de quelques lueurs bienvenues. Le fond reste gris, nous sommes dimanche, tous les lendemains de débâcle sont des dimanches, et le souvenir de la veille fait encore sa pénible loi. Mais, peu à peu, dès le soir venu si par bonheur les Lyonnais ont la bonne idée de se vautrer – *Schadenfreude* – ou à défaut le lendemain, les enjeux du match suivant s'incrustent et pénètrent progressivement mon espace mental : quels joueurs sont disponibles ? Comment se présente l'adversaire ? Quelle est sa forme du moment, ses joueurs majeurs sont-ils tous d'attaque ? Quelles perspectives de progression au classement nous offrirait une victoire ? Que peut-on craindre si l'inverse se produit ? Quel programme pour nos concurrents directs au classement ?

Le foot est plus grand que la vie. À chaque petite mort succède une résurrection. Bien aidé par le rythme du calendrier, le temps fait son œuvre au point qu'il me semble en définitive que le football se vit quatre-vingt-dix minutes par semaine au présent, le jour suivant au passé et les six d'après au futur.

Plus de caresses

Le cœur, quand ça bat plus,
C'est pas la peine d'aller chercher plus loin,
Faut laisser faire et c'est très bien[1]

_Léo Ferré

Ce soir-là, j'ai constaté *de visu* ce qu'on ressent tous, progressivement, sans vouloir l'admettre. Sainté s'en prenait une bonne certes, mais le plus triste était de prendre conscience qu'avec les Verts, c'était une certaine idée du football qui faisait naufrage.

Lors de ce soir triste et froid de Sainté-PSG dans le Chaudron le 15 décembre 2019, j'assistais bien au chaud, devant ma télé, à l'enterrement de mes rêves d'enfant. Car enfin, moi, ce que j'aime et depuis toujours, dans ces matchs à domicile, c'est dès le matin me lever avec cette sensation unique, ce mélange savamment dosé d'excitation, d'envie, et de peur. La promesse de l'ivresse, la perspective du stade bien rempli, la communion des kops, le bruit et la fureur aussi. Ce que j'aime enfin, surtout, c'est caresser l'espoir.

1. « Avec le temps », 1971.

L'espoir d'une victoire. Triomphale ou étriquée, attendue ou inespérée. Avec la manière ou heureuse, qu'importe. Je viens à Geoffroy depuis près de quarante ans parce que je suis tombé dedans bien sûr.

Mais si j'y retourne, toujours et encore, c'est pour cette promesse d'inédit et cette caresse d'espoir. Il n'y a pas longtemps à réfléchir pour comprendre que ce qui m'excite, au fond, c'est l'incertitude, l'adrénaline, les mains moites, le cœur qui vibre, et puis la joie immense ou la détresse intense au bout. C'est tout cela le charme du foot.

C'est pour cela que j'y vais, moi et les 40 000 mordus qui m'accompagnent. En décembre comme en mai, au presque neigeux comme au plus qu'ensoleillé. À tous les temps du jouissif et du déceptif.

Si la victoire était garantie, je n'irais plus. Quand la défaite est écrite, ça ne m'intéresse pas non plus.

La certitude tue le foot. Le scénario écrit d'avance, je le fuis aussi systématiquement que le joueur prometteur s'empresse de fuir son club formateur pour aller chercher fortune ailleurs. C'est ferme et irrévocable.

Hier encore on pouvait rêver avant une grosse affiche. Hier on n'allait pas voir Sainté-Paris en se disant qu'on allait assister à un match de coupe entre un club amateur et un club pro dans lequel les deux seuls suspenses sont la minute à laquelle le club amateur va craquer et s'il va ou non s'écrouler après le premier but. Hier, nous étions excités par ce match. Y avait certes pas l'odeur de soufre d'un derby, pas la rivalité historique d'un Sainté-Marseille, mais y avait l'idée de taper le gros déjà et, au-delà, le plaisir pour la province de remettre un peu Paris à sa place.

C'était hier. Ce n'est plus et c'est affreusement déprimant. Sans doute l'avais-je déjà compris avant. Mais ce fut ce soir-là que je décidai de l'admettre vraiment. Définitivement.

Dans ce naufrage, j'ai entrevu la lumière. J'y ai flairé la possibilité d'un apaisement, comme le début d'une paix intérieure. L'illusion d'une désintoxication durable. Si le rêve est voué à mourir, alors la souffrance, qui est son corollaire, pourrait-elle aussi disparaître ?

Voilà, c'était ce soir de triste branlée. Quoique prévisible et donc sans émotion, elle n'en était pas moins chargée d'un sentiment nouveau, d'un malaise inédit, cette baffe de décembre. En soi, elle n'était pourtant qu'un remake de mai 2017. En 2017, j'avais été dépité, en 2019, je me sentais résigné. Le progrès est notable.

En 2017, c'était la première fois, la claque était brutale. Au-delà du score – 0-5 tout de même –, la cruauté naissait du contexte. C'était soir de double baisser de rideau : celui du championnat, mais surtout celui de la presque décennie de gouvernance de Christophe Galtier. Les adieux de Galette auraient mérité tellement plus belle ambiance que cette atmosphère de désolation. Le bourreau était qatari. Il emportait tout avec lui, les digues élaborées toute la semaine pour protéger nos cages comme mes illusions de supporter.

Depuis ce soir-là, hormis une rechute malheureuse, je n'ai plus vraiment vu l'intérêt de me déplacer pour voir ce match. Depuis 2017, j'ai décidé de le regarder sans stress, bien résigné au creux de mon fauteuil. Je considère désormais qu'il est perdu d'avance, ce match. Et je ne m'endors plus triste après la défaite. Pourquoi se morfondre dès lors qu'on a admis qu'elle est inscrite dans le plan de marche ?

On en a pris cinq. OK, ça aurait pu être quatre ou six, ou alors seulement un. Qu'importe. Ce sont eux qui décident, et nous qui constatons amèrement les dégâts. Aucun intérêt.

Pas d'insomnie, pas de rage, c'est l'avantage.

Si je rêve désormais avant un Sainté-PSG, ce n'est plus d'un exploit des Verts mais plutôt d'un geste inédit, d'une décision forte, symbolique du club, qui remuerait les consciences, interpellerait les instances en choisissant sciemment de tirer un trait sur ce match. Perdu pour perdu, alignons l'équipe réserve, convoquons les remplaçants, les bleus-bites, les marie-louise, pour envoyer un signal à la Ligue. Tous ces petits gars qui rêvent d'un premier contrat et qui finiront, car le foot est impitoyable, par le signer à Andrézieux, Saint-Priest ou au Puy, offrons-leur des souvenirs pour l'éternité. Puisque ce n'est plus qu'un match de coupe déséquilibré, officialisons la chose, faisons jouer l'équipe de National 2 !

Non, définitivement et contrairement à ce qu'on voudrait nous faire avaler, le Paris qatari ne fait pas grandir la Ligue 1. Non, ce foot n'a aucun sens. Non, nous ne voulons pas d'un foot sans enjeu, sans suspense. Il faut réellement être idiot pour continuer à trouver un intérêt à une compétition dont on sait avant qu'elle démarre qui en sera le vainqueur.

La Ligue est idiote. Et les médias l'accompagnent fidèlement sur le chemin de la crétinerie. On nous vend du génie français, de l'arabesque, de l'exploit, et on vomit en parallèle sur dix-neuf autres clubs qui font office de faire-valoir, même pas foutus de briller sur le front européen.

Mais si ces médias ont, comme moi, la nostalgie des belles histoires dont le foot français n'a pas toujours été avare, qu'ils en tirent les bonnes conclusions ! Si eux aussi regrettent le temps où Bastia, avec une vraie belle équipe, poussait l'aventure jusqu'en finale de la Coupe de l'UEFA en 1978, si eux aussi ont aimé voir Patrick Revelli renverser Francfort pour amener Sochaux dans le dernier carré de cette même coupe en 1981, qu'ils réfléchissent un peu ! Ces épopées n'étaient pas les miennes, mais je les pleure aujourd'hui car je sais l'impossibilité, pour les supporters de ces bastions du football français, comme pour moi, d'imaginer demain, après-demain, un jour peut-être, les vivre de nouveau.

Pourquoi continuer à supporter, si l'horizon des conquêtes est inexorablement réduit ? Les si répétitives et ennuyeuses affiches Barça-Juve et Bayern-Real d'aujourd'hui me font regretter cette finale de Coupe des clubs champions de 1986, pourtant fade et sans but durant cent vingt minutes, qui vit le Steaua Bucarest dominer le Barça dans une opposition qui paraît aujourd'hui tellement incongrue.

Les treize joueurs du Steaua – époque d'avant l'inflation des remplaçants – étaient roumains. Quant au Barça, qui ne faisait vibrer aucun gamin en culottes courtes ailleurs qu'en Catalogne, il alignait onze Espagnols sur les treize de sa feuille de match. Deux projets, deux écoles de football s'affrontaient, et cette soporifique finale accouchait d'un petit vainqueur mais d'un immense héros, le gardien roumain Helmuth Duckadam qui avait arrêté tous les pénals de la séance finale !

Trente-cinq ans plus tard, mon cœur de supporter déplore cette entorse au contrat d'amour fou qui le lie au football. Mon âme enrage de voir que la dictature du constat lapidaire et de la conclusion hâtive empêche les médias de s'interroger sur le modèle du foot français, sur son économie.

Que son club le plus titré doive vendre Aubame au bout de deux ans, Saliba ou Fofana à peine majeurs au bout de vingt matchs, devrait alerter. La fidélité des meilleurs joueurs a un prix que seules quelques grosses cylindrées peuvent payer. Pendant que Messi passera toute sa carrière au Barça, que Thiago Silva joue huit ans d'affilée pour Paris, les Verts, qui présentent pourtant sur la dernière décennie le cinquième bilan sportif de la Ligue 1 en points cumulés, doivent vendre chaque année leur meilleur joueur. Avant, un jeune prometteur partait à vingt-deux ans, après trois ou quatre ans dans son club formateur. Désormais, il quitte le navire à dix-huit ans parce qu'il a fait une demi-saison et qu'un club plus fortuné est prêt à poser 30 millions sur la table et lui décupler son salaire.

Il est pas efficace, ce tue-l'amour ?

Dans ce nouveau monde du foot, la place du supporter est bien définie. S'il est passionné et bruyant, s'il a le toupet de se lever ou de proférer une insulte, il finira par regarder le match au pub. Dans le cas contraire, et s'il consent à se saigner aux quatre veines, on l'acceptera bien volontiers dans ces arénas machins et autres bidules stadium aussi ultramodernes qu'impersonnels. Ce que les clubs en perdent en ambiance et en authenticité, ils le gagnent en devises.

Et les médias, toujours eux, applaudissent, et vomissent en même temps sur nos supporters qui osent – quel crime ! – considérer que le club leur appartient.

Ce 15 décembre 2019 où nous en prîmes 4 face à Paris, je n'ai pas vibré au spectacle sportif, bien entendu. Y étant préparé, je n'en ai pas été déçu. Mais, contrairement aux commentateurs, j'ai adoré la seule surprise, le seul moment étonnant, la seule excitation du match, qui vint des tribunes. Seuls les kops, seuls les supporters qui résistent encore, m'ont fait regretter de ne pas avoir fait le déplacement. La sagesse et le dégoût mêlés, une résignation qui ne m'honore pas, m'avaient conduit à m'abstenir. Pour les autres, ceux qui ne se sont pas abstenus, ceux qui luttent encore, et qui ont bien du mérite, ça a débordé, ça a crié, ça a mis le feu. Ça a vibré tout simplement. Et c'est tout ce qu'il nous reste. Pendant quelques minutes, ce dimanche soir de décembre, j'ai assisté, médusé, à ce délire surréaliste d'un feu d'artifice déclenché en plein match. Quelques minutes durant, les attaques parisiennes furent accompagnées de fusées montant du kop Nord. Pas de simples fumigènes, non. De ceux-là il y en avait certes plus de deux cents selon les observateurs, mais un feu d'artifice, un vrai, a été tiré ! J'ai souri à la folie collective qui s'emparait des gradins, ivres d'entendre le sifflement des fusées qui embrasaient le ciel de Geoffroy. Spectacle inédit, fantaisie pyrotechnique qui, à mes yeux, affirmait simplement : ce qui se passe sur la pelouse n'a plus d'intérêt, nous ne voulons pas le cautionner. Si vous nous interdisez le plaisir du terrain, vous n'empêcherez pas l'embrasement des gradins.

Je fus d'abord interloqué, puis hilare pendant quelques secondes, avant d'envisager avec tristesse la suite. L'aseptisation à marche forcée des stades de France est incompatible avec ce type d'excès, et je savais ce qu'il en coûterait au club et à son public. Pour quelques minutes hors du cadre, au moins un match en silence. Pour ce trop-plein de passion, au moins un match dans un Chaudron vide. Les instances n'ont pas la créativité des publics qu'elles sanctionnent. Si les débordements varient dans leur forme, les sanctions sont uniformes : huis clos, huis clos, et encore huis clos.

J'étais triste car je sais l'absolu non-sens d'un match dans cette enceinte sans le cœur battant de ses ultras. Le Chaudron de mon enfance pourtant nettement moins sécurisé n'était jamais vidé par d'absurdes sanctions. J'ai détesté avoir un jour, dans ce contexte, entendu les joueurs se parler sur le terrain. L'ambiance, le bruit, les chants, c'est une drogue à accoutumance. Je déteste les conséquences des fumigènes craqués par centaines, mais je continue à aimer ce qu'ils représentent, et à soutenir le combat, même perdu d'avance, de ceux qui les introduisent dans le stade.

Contrairement à ce que deux, trois consultants bien installés dans le confort de leur studio et de plus en plus déconnectés du cœur du foot populaire veulent nous faire croire, l'âme d'un club, surtout du nôtre, reste son public, ses supporters. Sainté ne serait rien sans son histoire ? Oui, bien entendu. Mais Sainté serait mort sans ses supporters. Sainté serait Sochaux, Sainté serait le Red Star. Même au-delà des Verts, l'âme de ce sport, le plus populaire au monde dans tous les sens du terme, c'est justement ce peuple qu'on s'acharne à éloigner des stades.

Cette sanction indique à mon foot la porte de sortie. Le message est limpide. C'est un peu de mon amour de jeunesse qu'elle m'oblige à porter le deuil, cette sanction. Ce huis clos impose le silence aux matchs de foot de mes cours de récré, à mes multiplex d'antan, aux vagues qui me soulevaient à quinze ans au cœur des gradins Nord.

Je revois les images du quart de finale Sainté-Kiev de 1976, son joyeux bordel, Lopez et son tacle salvateur, les Ukrainiens renversés, les spectateurs qui pénètrent sur le terrain, et je comprends que nous la jouerions sans nul doute aujourd'hui à huis clos, la demi-finale contre le PSV Eindhoven.

D'une certaine façon, c'est ce monde perdu que les ultras, dont j'admire la résilience et le rejet du renoncement, ont décidé de célébrer par ce feu d'artifice. Le foot est mort ? Vive le foot !

Bien entendu, le 9 janvier 2020, je ne fus pas surpris de la sanction, toujours plus lourde, toujours plus injuste, toujours aussi inutile.

Huis clos total, au mépris des libertés des milliers d'abonnés qui n'ont fait que constater, admirer, s'étonner ou s'agacer de ce feu d'artifice. Le match concerné, comme un fait exprès, sera une affiche d'antan qui n'excite plus guère que les nostalgiques dépassés : le Sainté-Nantes du 12 janvier. Triste et sans saveur il vit une équipe verte déboussolée se faire trop facilement renverser par les Canaris. Au-delà de la déception du résultat, ce qui me toucha le plus fut ce pénible sentiment qu'on s'enfonçait inexorablement dans une impasse. Elle était pourtant bien indiquée l'impasse, mais on s'y engouffrait quand même. Sans dialogue, aucune sortie de crise possible. La Ligue restait campée sur une stratégie du tout répressif, le club, comme à son habitude, subissait sans réagir et n'osait plus la moindre protestation ou initiative. Quant aux groupes de supporters, ces ultras que la *vox populi* aime tant imaginer en hooligans décérébrés, ils feraient le choix – mais quel autre auraient-ils ? – de rester dans leur logique d'affrontement.

Même malheureux de l'ambiance mortifère de ces huis clos, je ne leur en veux pas. Même privé de la chaleur du stade et engoncé dans mon costume de paria, bien au contraire, je les comprends. Je les défends. Par amour pour un football populaire, un football de fête, un football d'hier peut-être, mais il n'y a pas de honte à considérer qu'hier, c'était parfois mieux.

Hier, l'équipe junior des Verts remportait la Coupe Gambardella. C'était en 1970, je n'étais pas encore né mais je sais que l'équipe qui triompha ce soir-là dans un inédit et savoureux derby allait ensuite constituer la base d'une décennie de conquêtes nationales et européennes. En mai 2019, je me suis réjoui de la victoire des Verts en Gambardella uniquement pour ce qu'elle fut – un titre, même en junior – plutôt que pour d'hypothétiques promesses de lendemains qui chantent. J'ai eu hélas raison car ils pleurent, les lendemains, le départ un an plus tard des deux meilleurs joueurs de cette belle génération.

Le *Nous serons champions de France car nous sommes les premiers, nous serons champions de France car nous sommes*

Stéphanois !, j'ai adoré le chanter fièrement. Mais c'était contre Beauvais, à Sedan, ou contre Châteauroux en 1999 et 2004, et je sais que, sauf à sombrer une nouvelle fois en Ligue 2, je n'aurai plus l'occasion de célébrer en tribune un prochain titre.

Le foot à la papa n'est plus. Il a disparu au bénéfice de ce grand barnum où le profit maximum guide tout. J'en fais l'implacable constat et un peu de force morale devrait m'amener à tourner le dos à ce cirque dont on ne peut plus espérer être la vedette. Si ma seule raison ne m'amenait pas d'elle-même à cette conclusion, il me suffirait pour m'en convaincre d'écouter les dirigeants du foot français appeler de leurs vœux, sans vergogne, l'émergence et le renforcement d'un axe PLM, Paris, Lyon, Marseille... À l'heure des fonds d'investissement et des émirs, j'enrage de mesurer à quel point des instances supposées neutres ne ressentent plus le besoin de cacher leur partialité.

Désenchanté, j'en suis réduit à assister au spectacle de mon club éternellement auréolé de son glorieux passé, mais incapable de sortir de ce tragique entre-deux : accepter de perdre son âme pour quelques pétrodollars de plus et une hypothétique place au soleil, ou s'enfoncer et végéter dans la seconde zone.

Désabusé face à ce choix cornélien que le foot business nous laisse, j'en maudis toutes ses caractéristiques : son extrême monétisation comme sa déprimante aseptisation.

À peine deux mois après Nantes et son silence rompu par le seul son du ballon et des voix des joueurs, Rennes vint nous rendre visite pour cette demi-finale de la Coupe de France, remportée *in extremis* 2-1.

Une ivresse digne du siècle dernier, de la spontanéité, des fumigènes, une pelouse envahie, la joie qui déborde. Ce soir-là, il y en eut des caresses, de la peur, du bonheur, de la vie.

Ce soir-là, comme Estelle – ex-amie parisienne perdue de vue qui brillait par son sens de l'autodérision – aimait le résumer après une belle surprise organisée par son mec : j'en ai repris pour dix ans !

Épilogue

Il faudrait tout arrêter. Lâcher l'affaire, apprendre à s'en foutre. Savoir, à défaut d'indifférence, prendre un peu de hauteur. C'est toujours les soirs d'intense souffrance que je me fais cette réflexion inutile. Elle est vaine car je suis définitivement incapable de prendre de la distance, constat que je fais fréquemment avec mes camarades de folie verte.

Mon cœur est pourtant fragile si j'en crois mes antécédents familiaux. Et au-delà des raisons de santé, un esprit aussi cartésien que le mien ne devrait pas continuer à laisser le résultat d'une équipe de football, aussi prestigieuse soit-elle – continuer à le penser m'offre quelques circonstances atténuantes –, conditionner son humeur, voire guider sa vie.

Mais j'assume. Je baisse les armes. J'abandonne l'idée de lutter contre l'addiction.

Sainté, c'est plus fort que moi, alors je prends tout :
les joies immenses
et les abîmes de souffrance,
les extases
et les envies d'allumer le gaz,
les euphories
et les avaries.
On sera toujours las. On sera toujours là.

Merci à Frank, Stéphane, Jean-Philippe et José qui m'ont tour à tour montré la voie, mis sur les rails, aiguillé et conduit à destination.

Crédits

« C'est la cristallisation comme dit Stendhal », *Anna*, auteur-compositeur : Lucien Ginsburg (Serge Gainsbourg), Mercury, 1967.

« Radio », *Bulles*, auteurs : Michel Polnareff et Jean-Paul Dréau, compositeur : Michel Polnareff, Disc' AZ, 1981.

« La ballade des gens qui sont nés quelque part », *Fernande*, auteur-compositeur : Georges Brassens, Philips, 1972.

« Saint-Étienne », *Le Stéphanois*, auteur-compositeur : Bernard Lavilliers, Disques Motors, 1975.

« Le maudit (mais ta douleur efface ta faute) », *Le Maudit*, auteur-compositeur : Véronique Sanson, WEA, 1974.

« Y a d'la haine », *Système D*, auteur : Catherine Ringer, compositeur : Frédéric Chichin, Delabel, 1993.

« Il ne faut pas souhaiter la mort des gens », *La Mémoire neuve*, auteur-compositeur : Dominique Ané, Lithium, Virgin Records, 1995.

« Ton héritage », *La Superbe*, auteur-compositeur : Benjamin Biolay, Naïve, 2009.

« Ma chanson leur a pas plu... », *Morgane de toi*, auteur-compositeur : Renaud, Polydor, 1983.

« Samuel Hall », *Fantaisie militaire*, auteur : Olivier Cadiot, compositeur : Rodolphe Burger, Barclay Records, 1998.

« Bouquet de nerfs », *Des visages, des figures*, auteur : Bertrand Cantat, compositeurs : Bertrand Cantat, Serge Teyssot-Gay, Jean-Paul Roy et Denis Barthe, Barclay Records, 2001.

« L'hymne à l'amour », auteur : Édith Piaf, compositeur : Marguerite Monnot, 1950.

« On n'oublie rien », *Marieke*, auteur : Jacques Brel, compositeur : Gérard Jouannest, Philips, 1961.

« C'est extra », *L'Été 68*, auteur-compositeur : Léo Ferré, Barclay, 1969.

« Immortels », *La Musique*, auteur-compositeur : Dominique Ané, Cinq7-Wagram, 2009.

« La foule », auteur : Michel Rivgauche, compositeur : Ángel Amato, 1957.

« Comme un Lego », *Bleu pétrole*, auteur-compositeur : Gérard Manset, Barclay Records, 2008.

« Le chanteur », *Le Chanteur*, auteur-compositeur : Daniel Balavoine, Barclay, Riviera L. M., 1978.

« Les insomnies », *Seule*, auteur-compositeur : Barbara, Philips, 1981.

« La ballade de Jim », *C'est comme vous voulez*, auteur : Alain Souchon, compositeur : Laurent Voulzy, Virgin, 1985.

« Aujourd'hui la crise », *Alertez les bébés !*, auteur-compositeur : Jacques Higelin, Pathé Marconi/EMI, 1976.

« Avec le temps », Léo Ferré, Disques Barclay, 1971.

Table

Dépôt légal : mai 2021
Composition : Nord Compo

Imprimé en France en avril 2021 par Corlet à Condé-en-Normandie
N° d'imprimeur : 21040252